FÜR INKEN

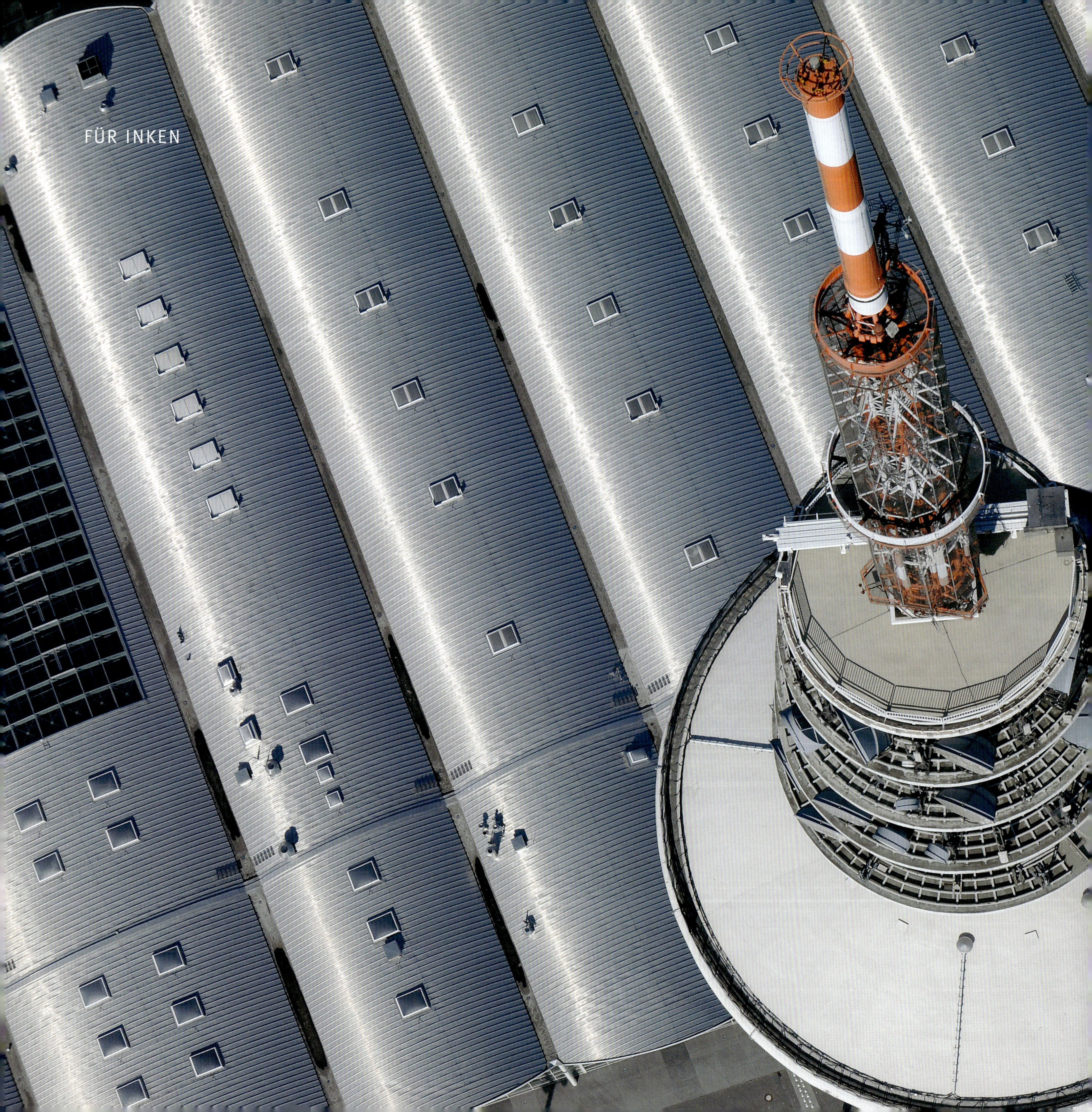

UNTER DEM HIMMEL VON HAMBURG

FOTOS MATTHIAS FRIEDEL | TEXT MATTHIAS REBASCHUS

Hamburger Abendblatt | edition

INHALT

VORWORT

Hamburg – das ist dort, wo sich die Baukräne drehen. Die Kräne haben ihre erste Arbeit getan. Zeit, sich die Arbeiten – mit einem komplett neuen Buch – anzusehen. Denn die schöne, stolze Stadt hat sich etwas gegönnt. Nicht nur ein paar architektonische Möbel, sondern ganze neue Zimmer. Mit prachtvollen Ausblicken! Neue Quartiere entstanden auf alten Flächen. Ganze Viertel, wie St. Pauli, ändern sich.

Die HafenCity zeigt schon deutlich ihr Gesicht. Die Elbphilharmonie wächst. Neue Flughafengebäude, neue U-Bahn, neue S-Bahn, neue Bahnhöfe, neue Parks, neue Autobahnknoten, überall neue Kreisel. Es macht Spaß, der Stadt beim Wachsen zuzusehen. Und es macht stolz zu sehen, wie die Hamburger – mit Marathon, dem Hafengeburtstag und anderen Vergnügen – eine Gastgeberrolle übernommen haben, die auf der ganzen Welt geschätzt wird. Millionen Touristen zeigen das.

Es ist daher Zeit, die Strukturen erneut unter die Lupe zu nehmen. Das neue Bild der Stadt zu genießen. Das eigene Wohnumfeld zu finden. Und vielleicht neue Beziehungen zu entdecken. Dazu dient das neue Hamburger-Abendblatt-Buch, das schon zum dritten Mal erscheint und zeigt, was sich in zehn Jahren entwickelt hat. Es ist ein komplett neues Buch mit mehr als 300 Luftfotos von »Luftbildner« Matthias Friedel und Hamburger-Abendblatt-Redakteur Matthias Rebaschus. Zum täglichen Brot beider gehört es, die Stadt abzubilden; hier bringen sie alles in den großen Zusammenhang einer Metropolregion. Hamburg mit seinen Rand-gemeinden, mit seinen Vororten, die längst dazugehören, aber auch mit seinen schönen Schwester-Städten wie Lüneburg oder Glückstadt, all das steckt in diesem Buch. Alles, was unsere schöne Stadt ausmacht, erkennt man auf den folgenden 328 Seiten. Fast jedes Haus ist zu finden. Alle neuen Quartiere. Alle neuen Straßen.

»Unter dem Himmel von Hamburg«. Das bedeutet auch eine Bestandsaufnahme und zeigt die Stadt mit einer chirurgischen Präzision, wie es nur der Blick aus der Luft ermöglicht. Wir sehen die Stadt vor ihrem größten Sprung, in eine neue Zukunft. Wir sehen, was funktionieren wird. So wird die Elbphilharmonie natürlich (bei allem Understatement) ein Erfolg. Ob der »Sprung über die Elbe«, den wir in diesem Buch in den ersten Ansätzen erkennen können, auch funktioniert, wird sich erst zeigen.

Noch eines zeigen die Luftfotos: Die Türme der Hauptkirchen, St. Michaelis, St. Petri, St. Ni-kolai, St. Katharinen und St. Jacobi, dominieren mit dem Turm des weltlichen Rathauses immer noch weitgehend die Silhouette der Stadt. Das Buch ist daher ein Beweisstück: welchen Wert unsere Stadt am großen Strom hat. Und welche Würde sie ausstrahlt.

Zum Schluss ein Satz, den Luftbildner Matthias Friedel immer wieder von seinen Einsätzen am Himmel mitbrachte: »Hamburg ist eine grüne Stadt. Es ist erstaunlich, wie grün sie ist!«

Claus Strunz

EIN NEUES WAHRZEICHEN

Hamburg ist nicht nur eine schöne Stadt. Hamburg ist auch eine grüne Stadt! Das empfindet man, wenn man durch die Stadt geht, aber das erkennt man aus der Luft noch viel besser. Erst aus dem Flugzeug sieht man, warum man berechtigt von der »Grünen Metropole« spricht. Es ist ein maßgebliches Qualitätsmerkmal, das es zu bewahren und weiterzuentwickeln gilt. In welcher Stadt ist es möglich, von der Alster – also vom Kern der Stadt – durch grüne Zonen bis an den Rand zu gehen? Hinzu kommen die großartigen Parkanlagen, der Ring der Parks in Hamburg. Wir müssen daher Stadt- und Landschaftsentwicklung immer zusammen betreiben. Das gilt auch, wenn man auf die großen Landschaftsräume blickt: auf die Vier- und Marschlande, das Alte Land und die Flussläufe, wo das Bauen überall spezifisch und sensibel auf die Landschaft reagiert. Das alles sind Kompositionen, die im Sinne einer Einheit von Stadt und Landschaft gedacht sind.

Das wird man auch in der HafenCity sehen. Doch bis dahin werden noch 30 Jahre vergehen; so viel Zeit brauchen die Bäume, um groß zu werden.

Hamburg wird in den kommenden Jahren einen Quantensprung in der Stadtentwicklung, der Architektur und auch in der Kultur machen. Hamburg wird national und international ungeheuer an Bedeutung gewinnen. Der Kern von Hamburg bekommt mit der HafenCity einen wirklich großen neuen Schub. Die City wird um 40 Prozent erweitert, und wir erhalten Spielräume, die es so in kaum einer anderen Stadt gibt. Die Gelegenheit, an einer so fantastischen Stelle mitten im Herzen der Stadt zu wachsen – und eben nicht auf

JÖRN WALTER,
geb. 1957 in Bremen. Studium an der Universität Dortmund, nach 1990 Leiter des Stadtplanungsamtes in Dresden und seit 1999 Oberbaudirektor von Hamburg. Mitglied der Deutschen Akademie für Städtebau und Landesplanung, der Akademie der Künste Berlin und der Sächsischen Akademie der Künste.

In seinem Geleitwort vergleicht der Oberbaudirektor Jörn Walter die Elbphilharmonie mit dem Petersdom in Rom: »Sie wird zum Wahrzeichen der Stadt.«

die grüne Wiese zu gehen – das ist die programmatisch wichtigste Aussage für das 21. Jahrhundert.

Es ist das Ziel, dass wir den Kern der Stadt immer wieder erneuern und lebendig halten. Die Zahl junger Menschen, die in der Innenstadt leben, wird mit dem neuen Profil erheblich steigen. Wir werden als Kultur- und Wirtschaftsstandort mit den Projekten Elbphilharmonie, dem Maritimen Museum, der HafenCity-Universität und eines Tages auch mit dem Science-Center zusätzlich einen großen kulturell-wissenschaftlichen Impuls mitten im Herzen der Stadt bekommen. Die Nutzungsmischung – ein altes Hamburger Problem – wird sich dann mit einer stärker belebten City verbessern.

Wir werden mit der Elbphilharmonie neben dem Michel ein zweites symbolisches Bauwerk bekommen, das zum Wahrzeichen der Stadt wird. Alle beneiden uns um eines der faszinierendsten Gebäude der Welt. Die Elbphilharmonie wird in ihrer schwebenden Gestalt über der Stadt und der damit verbundenen städtebaulichen Bedeutung für Hamburg mit jener der Domkuppeln für Rom und London vergleichbar sein. Für so eine Aufgabe eine Form zu finden, das ist wirklich ein Glücksfall und wird eine Ausstrahlung wie die Oper in Sydney haben. Wir setzen damit das hohe Niveau der Baukultur in Hamburg fort (auch wenn wir mal über das eine oder andere Gebäude streiten).

Beim Blick auf die schöne Stadt Hamburg ist damit auch die Silhouette angesprochen. Wir achten peinlich genau drauf, dass aus Richtung Norden der Alsterblick mit den Kirchtürmen unverändert bestehen bleibt. Das war auch der Grund, warum wir gegen den 200 Meter hohen Lighthouse-Turm auf dem Baakenhöft waren. Der hätte die Kulisse der Kirchtürme gestört.

Der Generationssprung, vor dem wir stehen, zeigt sich auch beim Sprung über die Elbe, dem Zusammenwachsen von Harburg über Wilhelmsburg in die Hamburger Innenstadt. Eine ganz außergewöhnliche Gelegenheit! Denn es sind vom Hauptbahnhof nur zehn Minuten bis zur Wilhelmsburger Mitte in ein Gebiet, das unglaubliche und weithin unentdeckte landschaftliche und stadträumliche Qualitäten bietet. Den Reiz dieser Orte kann man aus den Luftbildern gut verfolgen.

Natürlich gibt es Probleme, zum Beispiel mit den Infrastrukturtrassen. Unsere große Aufgabe wird es sein, diese stadtverträglich zu integrieren. Das muss unsere Generation besser machen als die vorherige!

Wilhelmsburg ist der jüngste Stadtteil, den wir haben, mit einer sehr internationalen Zusammensetzung. Hier gilt: Wir müssen wegkommen von der Problemsicht auf die Chancensicht. Dafür sind die Schulen der Schlüssel zur Entwicklung des Gebietes. Die Bildungsoffensive ist deshalb einer der wichtigsten Strategien für die Zukunft des Stadtteiles. Wir müssen, wenn Menschen bleiben und kommen sollen, dort die besten Schulen der Stadt haben. Das ist die Zukunft. Nur mit diesem Anspruch kann es funktionieren. Hamburg hat als internationale, weltoffene Stadt im Süden eine historische Chance. Zukunft heißt in Wilhelmsburg wie an vielen anderen Stellen in der Stadt für mich weiterhin, die Quartiere zu stärken und keinen Einheitsbrei zu fördern. Eine lebendige Stadt hängt von der Vielseitigkeit der Quartiere in einem einheitlichen Gesamtbild ab. Man kann sich das an der Innenstadt gut vergegenwärtigen. Das Portugiesenviertel, das Cremonquartier, das Kontorhausviertel und der Bereich um die Binnenalster – das sind gute Beispiele für individuelle Bausteine in einem gemeinsamen Haus. Hinzu kommen nun acht neue Quartiere in der HafenCity. Das schafft Spannung, Abwechslung und Lebendigkeit. Mit der Bebauung anderer Konversionsflächen wird das Konzept auch in anderen Stadtteilen zum Thema. So entsteht Identität und Heimat auch in der großen Stadt, die wir an Hamburg so schätzen.

DAS HAMBURGER ZENTRUM

Was strahlt dieses Foto anderes aus als Würde! Es ist die Würde einer Bürger- und Kaufmannsstadt, mit einem mächtigen Rathaus in der Mitte, einem Zentrum, das hier in der Morgensonne darauf wartet, dass die Millionenstadt erwacht. Eine Stadt, die im Inneren des ehemaligen Schutzwalls, des Wallrings, ihre alten Werte bewahrt. Doch neben der Börse, den großen Kauf- und Kontorhäusern, den Hauptkirchen, den noblen Hotels wurde die Innenstadt auch zum Sammelpunkt der Einkaufspassagen. Und nun vollführt die Bürgerstadt wenige Meter neben dem Rathaus den (unterirdischen) Brückenschlag in ein neues Zentrum: in die HafenCity – für ein historisches Stadtzentrum eine einmalige Chance.

Der historische Kern Hamburgs: die Altstadt im Wallring. Schulter an Schulter stehen die Häuser hier beim Blick aus der Ferne. Bestimmend – wie von jeher – sind die Türme der Hauptkirchen und des Rathauses. Links sehen wir den Turm der Ruine von St. Nikolai, dann folgt der Turm des Rathauses; unten steht eingerüstet St. Katharinen, darüber St. Petri und ganz rechts St. Jacobi. Rund um den Domplatz lag der alte Siedlungskern. Rechts im Foto finden wir diesen Platz unterhalb der Kirche St. Petri. Vergebens hat man dort nach Resten der von den Wikingern zerstörten Hammaburg gesucht und dann den Platz eingeebnet. Massiver Protest – auch des Altkanzlers Helmut Schmidt (SPD) – verhinderte dort, auf einer der wenigen Freiflächen der City, einen Glas- und Stahl-Palast. Entstanden ist ein »gestalteter« Platz mit weißen »Sitzmöbeln«, die beleuchtet sind und zu einem Treff- und Ruhepunkt wur-

den. Ein Rest alter Fachwerkhäuser findet sich am Nikolaifleet, im Foto ganz unten rechts an den roten Dächern zu erkennen. Bürgermeister Ole von Beust (CDU) wohnte in seiner Zeit als Hamburger Oppositionsführer in einem der Häuser. Bis zum Rathaus ist es nicht weit. Der altehrwürdige Bau gehört zu den schönsten und meistfotografierten der Stadt. Links davon schließen die klassischen Einkaufsstraßen an. Einige von ihnen werden in einer Art Eigentümer- und Anliegergemeinschaft als Quartier besonders gepflegt, verschönert und von Falschparkern freigehalten. Nicht weit davon befinden sich die Passagen, ein Hamburger Erfolgsmodell; oben an der Binnenalster sehen wir die neueste Passage, die Europapassage. Ein Stück weiter zeigt am Jungfernstieg der Kran, wo der neue Tunnel für die U-Bahn-Linie U4 wächst. Die neue U-Bahn verbindet die Innenstadt mit der HafenCity.

Manch einer mag am Schattenwurf des Kirchturms die Uhrzeit erkennen können, die anderen blicken auf die Uhr am Michel, es ist kurz nach halb zwölf; und wir sehen oberhalb der Uhr in 82 Meter Höhe die Besucher – und wir sehen auch mit Freude: Das kupferne Dach unseres 132 Meter hohen Wahrzeichens wird endlich wieder grün, und zwar beginnend auf der Wetterseite. Hat auch lange genug gedauert. Anfang der 80er-Jahre des vergangenen Jahrhunderts hatte man angefangen, das Dach des Turmes zu erneuern. 1996 wurde diese Sanierung beendet. 2009 werden weitere Dächer der Kirche aufgebessert. Und auch der Innenraum wird mit neuer (Fußboden-)Heizung, Orgel und einem neuen Anstrich komplett saniert. Das Grau aus dem Kirchenschiff verschwindet nach mehr als 50 Jahren. Es wird wieder hell im Michel. Noch mehr Besucher werden

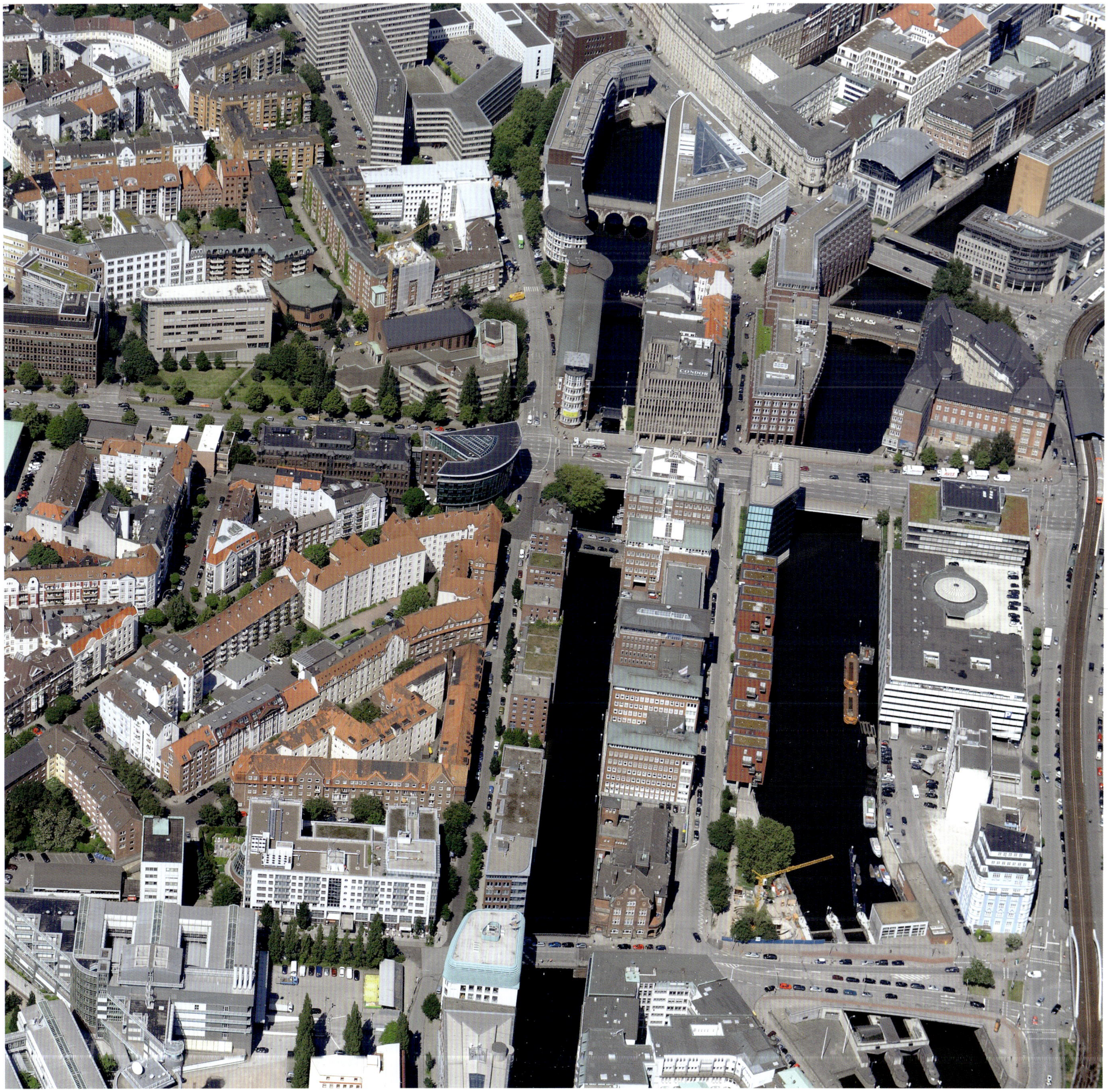

kommen. Auch angelockt von einem wieder aktivierten »Schallkanal« (einem fahrstuhlgroßen Schacht zum Klangtransport), mit dessen Hilfe alle drei Orgeln (Steinmeyer, Marcussen, Fernwerk) von St. Michaelis gleichzeitig erklingen können. Michel-Pastor Alexander Röder verspricht einen »romantischen« Klang. 1,1 Millionen Menschen besuchen jedes Jahr den Michel (nur in die Dresdener Frauenkirche kommen mehr). Mit 2500 Sitzplätzen ist der Michel in der Neustadt die größte Hamburger Kirche und die jüngste der fünf Hauptkirchen. Ein historischer Grund liegt auch ein paar Schritte östlich des Michels (Foto rechts). Neben dem breiteren Alsterfleet liegt das Herrengrabenfleet. 1499 wurde es als westlicher Verteidigungsgraben angelegt. Heute liegt hier ein begehrtes Investoren- und Wohnviertel.

Alles hübsch aufgereiht und einheitlich gegliedert. Helle Fassaden oder Sandstein an den Häusern. Baumreihen, die sich in der glatten Wasseroberfläche der Binnenalster spiegeln: der Ballindamm (großes Foto), die Verbindung zwischen Jungfernstieg und Glockengießerwall. Hier der Blick aus Westen. Privatbanken haben hier ihren Sitz und natürlich Hapag-Lloyd, im größten Gebäude, der prominenteste (maritime) Firmensitz in Hamburg. Ein Gebäude mit Säulen an der Front, gebaut für die Ewigkeit. Doch 2009 wird in der Krise der Verkauf erwogen. Das Konsortium Albert Ballin hält 57 Prozent an der Traditionsreederei. Albert Ballin (»Mein Feld ist die Welt«) lebte von 1857 bis 1918 und war für sein Organisationstalent berühmt. 1899 zum Generaldirektor der HAPAG ernannt, beförderte er mit der Firma große Auswandererströme. Auch die Ballinstadt, das Auswanderermuseum auf der Veddel, trägt seinen Namen. Die

schönen Gesichter der Häuser am Ballindamm fordern jeden hanseatischen Kaufmann heraus: so zum Beispiel bei dem Haus an der Ecke Ballindamm/Glockengießerwall. 680 000 Euro ließ sich die Firma Behn Meyer Deutschland Holding AG & Co. KG die Sanierung ihrer Fassade kosten. Hier weht selbstverständlich die Hamburg-Flagge, nicht die der Firma, das »wäre übertrieben«. Das kleine, waldartig anmutende Gelände oben rechts im Foto ist der Gerhart-Hauptmann-Platz; links geht es in die Mönckebergstraße, die 2009 genau 100 Jahre alt wurde. Ein Jubiläum, das im Levante-Haus mit einer Ausstellung gefeiert wurde. Auch dieses historische Gebäude (links oben) haben die Eigentümer aufwendig restauriert. Zur Binnenalster gehören natürlich die Lombards- und Kennedybrücke (keines Foto unten) und der Alsteranleger am Jungfernstieg (kleines Foto oben), hier mit den Schächten des U-Bahn-Baus.

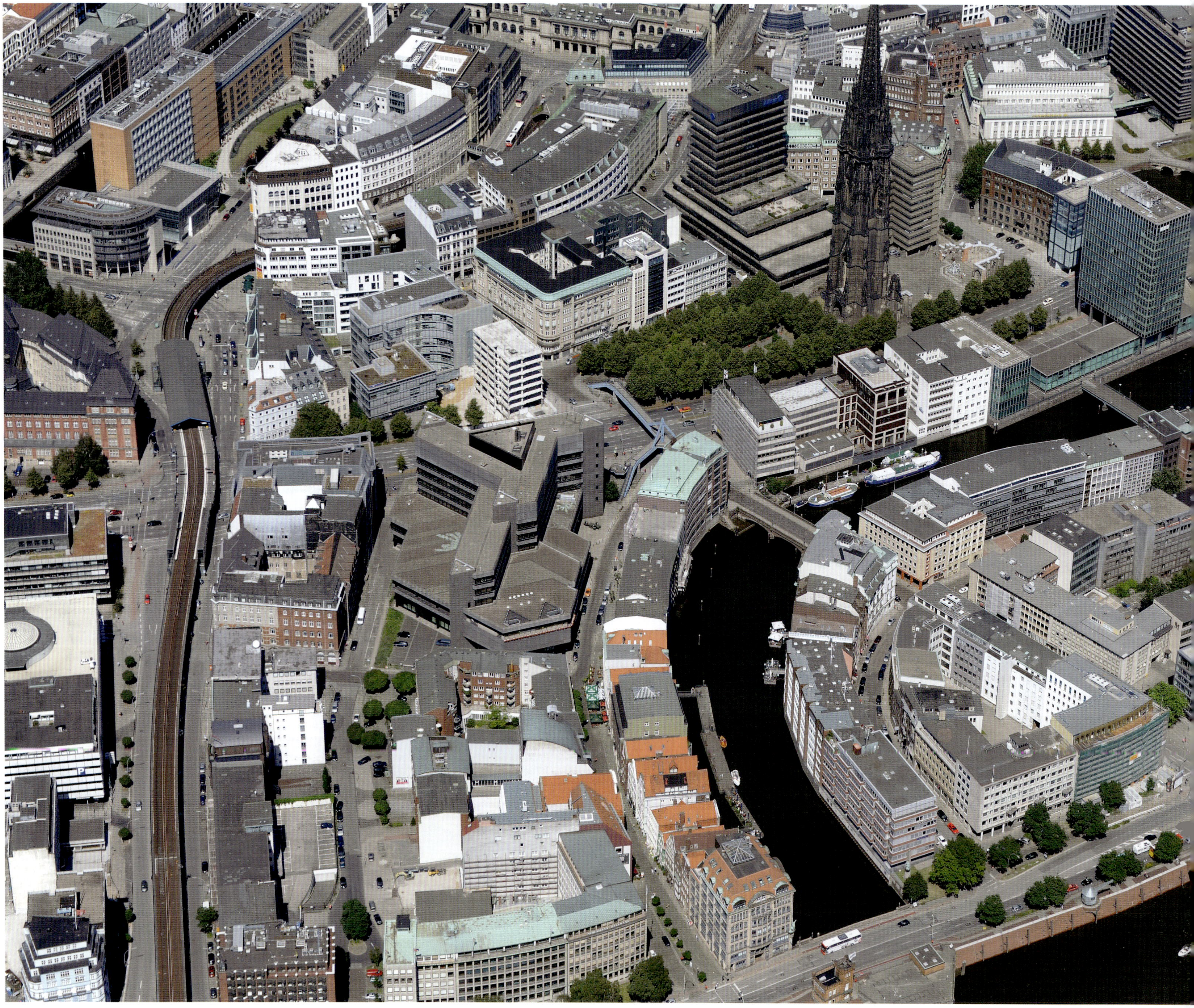

Über die Brooksbrücke kommt man von der Speicherstadt (großes Foto) auf die Cremon-Halbinsel. Cremon heißt dort auch eine Straße, nach der Marschinsel, die 1188 besiedelt wurde. Hier entstand eine Bauform, aus der sich im Mittelalter das Althamburgische Bürgerhaus entwickelte: Fachwerkbauten mit gemauertem Giebel für Kaufleute. Mit einer Winde ließen sich Handelsgüter auf Lagerböden verteilen. Die Rückseite der Häuser grenzte an Fleete. Am Nikolaifleet links neben der Halbinsel kann man das noch in Ansätzen bei manchen der Häuser an der Deichstraße entdecken. Bis ins 19. Jahrhundert wurde dieser Haustyp gebaut. Wer über die Cremon-Halbinsel geht, sieht am Nikolaifleet das Theaterschiff, eine schwimmende Bühne, die seit 1976 eine einmalige Atmosphäre bietet. Weiter geht es Richtung Stadtkern über die ehemalige Ost-West-Straße, die heutige Willy-Brandt-Straße,

zum Hopfenmarkt neben der Ruine von St. Nikolai. Die 36 Meter breite Straße wurde bis 1960 durch die Innenstadt gebrochen, sie trennt brutal den alten Stadtkern vom Hafen, der Speicherstadt und auch der HafenCity. Mit dem Wachsen der HafenCity gibt es Überlegungen, diese Wunde zu mildern. Auch das Viertel rund um die St.-Nikolai-Ruine soll mit einem ganzheitlichen Konzept attraktiver gestaltet werden. In den Katakomben der Kirche könnte ein Restaurant einziehen. Wege, Plätze und der Parkraum sollen neu geordnet werden. Eine ganz andere Welt findet sich in der HafenCity (kleines Foto). Wir sehen den Marco-Polo-Tower auf dem Sandtorkai und darunter die neue Unilever-Deutschlandzentrale, beides von Behnisch Architekten. Die Bauten unterscheiden sich mit ihrer ausgefallenen Form von den übrigen (manchmal als »Würfelhusten« verspotteten) Gebäuden.

Wie auch immer die HafenCity beurteilt werden wird, eines ist schon jetzt sicher: Im Quartier sind viele Schaulustige unterwegs, trotz der Baustellen oder gerade ihretwegen: Denn hier ändert sich laufend etwas. Weitgehend fertig sind die Bauten am Sandtorkai (großes Foto hinten) unmittelbar vor der Speicherstadt. Hier stehen fünf Wohn- und drei Bürogebäude; alle so konstruiert, dass eine Promenade am Kai entstehen kann. Am Kopf des alten Hafenbeckens liegen die Magellan-Terrassen, davor der lange Pier mit den Schiffen im Museumshafen. Mit dem Dalmannkai (vorn im Foto) wurde Anfang 2009 das zweite Teilquartier in der HafenCity fertig. Hier steht eine bunte Mischung aus Büros, Restaurants, Wohnungen und Einzelhandelsgeschäften. Auffällig: das »Oval«, ein Wohnturm der Architekten Ingenhoven. Die HafenCity GmbH vermerkt zu diesem Gebäude

pfiffig, es sei »städtebaulich sehr prägnant«. Eine 125-Quadratmeter-Wohnung kostet dort 729 000 Euro. Mit dem ehrgeizigen HafenCity-Projekt will Hamburg in einem Atemzug mit Weltstädten wie Sydney oder New York genannt werden. Fünf Milliarden Euro private Investitionen werden erwartet. Die Planer vertreten ihr Projekt vehement: Oberbaudirektor Jörn Walter ist »felsenfest« davon überzeugt, »das weltweit beste Projekt seiner Art zu realisieren«. Die Gebäude seien von »höchster architektonischer Qualität«. Auch die Gegner formulieren deftig: Für den bekannten Stadthistoriker Professor Hermann Hipp ist die HafenCity eine »an den Haaren herbeigezogene Kopfgeburt«. Wenig architektonische Kritik erfuhren die Kehrwiederspitze (kleines Foto unten) und die Elbphilharmonie, die an der Spitze des Dalmannkais gebaut wird (kleines Foto oben).

Plötzlich – ohne das Zutun von stadtplanerischer Seite – hat sich Anfang 2002 in der Neustadt ein Quartier entwickelt, das »Boomtown« genannt wird (großes Foto). Anfang 2009 arbeiten in dem Viertel mehrere Tausend Menschen mehr als sieben Jahre zuvor. Alles – so haben die Immobilienfachleute festgestellt – begann mit Restaurants, die Gäste anlockten. Das Viertel belebte sich. Große und kleine Bauten entstanden, so wie das »BrahmsQuartier« (Büros und Wohnungen) für 1300 Menschen auf dem ehemaligen Parkplatz der Axel Springer AG. Zwischen der Kaiser-Wilhelm-Straße (im Foto unten), der Caffamacherreihe, den Hohen Bleichen und dem Wallring wurden und werden Millionen Euro in mehr als einem Dutzend Projekte investiert. Einer der dicksten Brocken ist das denkmalgeschützte Unilever-Haus. Es wird bis 2011 für 270 Millionen Euro saniert. Zwischen dem Unilever-Haus und der

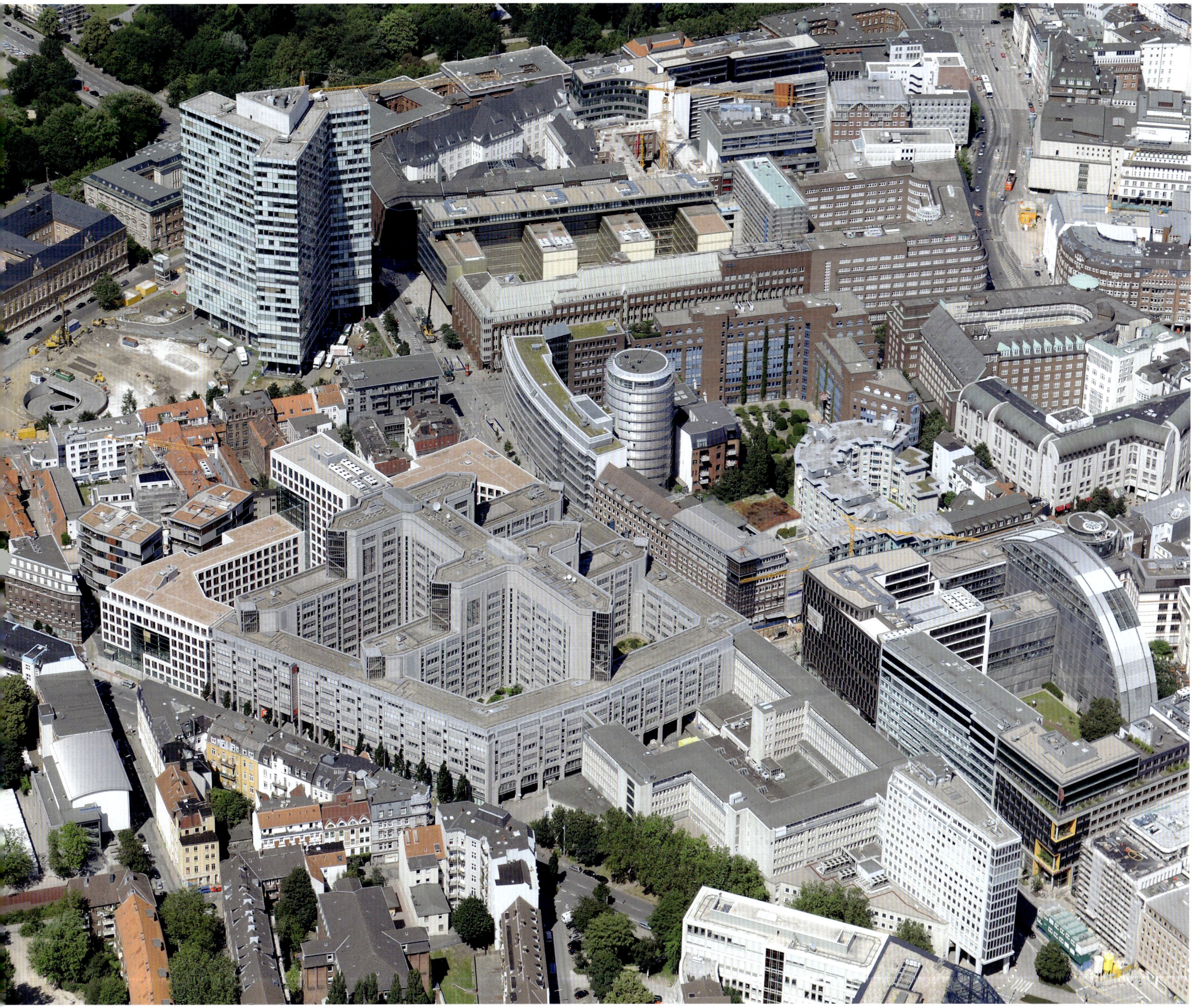

Laeiszhalle entsteht ein Öko-Hotel der Scandic-Guppe. In den Innenräumen werden zu 90 Prozent recycelte Materialen verarbeitet. Vom Hotel sieht man auf diesem Foto nur die helle Baulücke am Valentinskamp. Genau auf der anderen Seite passierte im Sommer 2009 Ungewöhnliches: 200 junge Künstler »besetzten« das weitgehend leerstehende Quartier mit den letzten originalen Häusern des Gängeviertels. Sie protestierten mit sehenswerten Ausstellungen gegen den weiteren Abriss der alten Gebäude und für mehr Atelierplatz in Hamburg. Die Herzen der Hamburger flogen ihnen zu. Vom Senat gab es einen begrenzten Nutzungsvertrag. Ein weiteres Großprojekt entsteht in der Nähe, an der Neanderstraße gegenüber des Michels (Foto links): die Wallhöfe, eine Wohnanlage, ein Hotel und ein Bürohaus für 145 Millionen Euro.

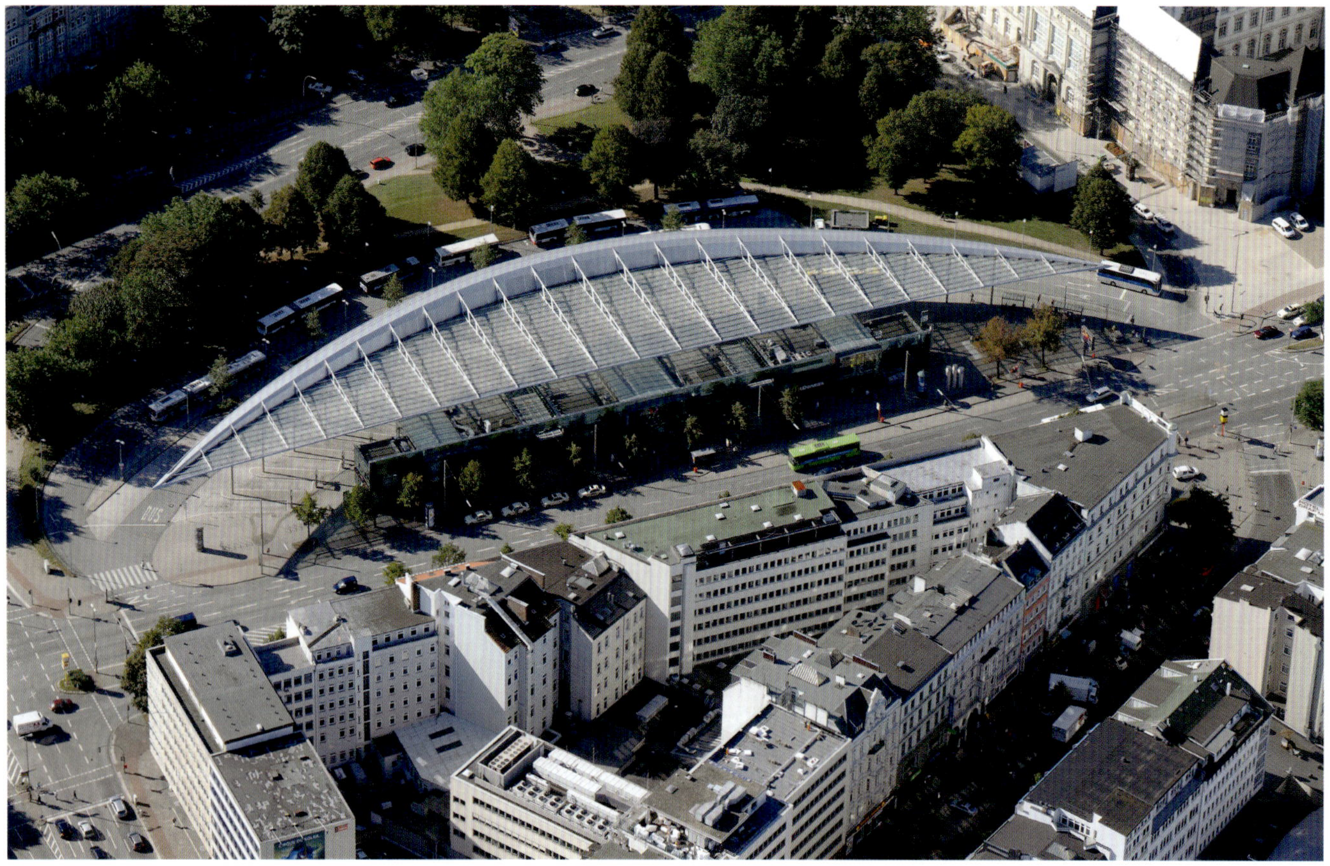

Die untergehende Sonne taucht den Hauptbahnhof und seine Umgebung in ein mildes Licht. An späten Sommerabenden ist die Innenstadt fast leer. Wir blicken aus Richtung Norden auf das Bahnhofsviertel. Unten steht die Dreieinigkeitskirche St. Georg, dann geht die Kirchenallee zum »Theaterausgang« des Bahnhofs – gegenüber steht das Deutsche Schauspielhaus. Rechts des Bahnhofs überspannt die Ernst-Merck-Straße die Gleise und führt an der grünen Kuppel der alten Kunsthalle vorbei auf den Glockengießerwall. Am Rand des Bildes ist noch die neue Kunsthalle, die Galerie der Gegenwart, zu erkennen. Gegenüber liegen die Geschäfts-, Büro- und Einkaufshäuser der City mit der Mönckebergstraße, die am hinteren Kopf des Bahnhofs nach rechts führt. Nach links (aus diesem Fotoblick) wird aus dem Glockengießerwall erst der Wallring, dann der Steintorwall; hier stehen

die unansehnlich gewordenen Hochhäuser, in denen die Ämter des Bezirks Mitte untergebracht sind. Der Bezirk plant, in ein Nobelviertel der HafenCity umzuziehen. Große Pläne hat auch die Bahn: Der Hauptbahnhof, so wird 2009 verkündet, soll modernisiert werden, um internationales Niveau zu erreichen. Wie unterschiedlich Auffassungen sein können, was Niveau angeht, zeigt die Historie des 1906 eingeweihten Bahnhofs. Weil Kaiser Wilhelm II. der preisgekrönte Entwurf der Berliner Architekten Reinhardt & Süßenguth nicht gefiel, ließ er die Jugendstilelemente durch Formen der Neorenaissance mit den 45 Meter hohen Türmen ersetzen. Kritik gab es auch für den Neuen ZOB (kleines Foto oben), dessen sichelförmiges Dach den Regen nicht besonders gut abhält. Instand gesetzt und umgebaut ist der Hühnerposten (kleines Foto unten), der südlich des Bahnhofs liegt.

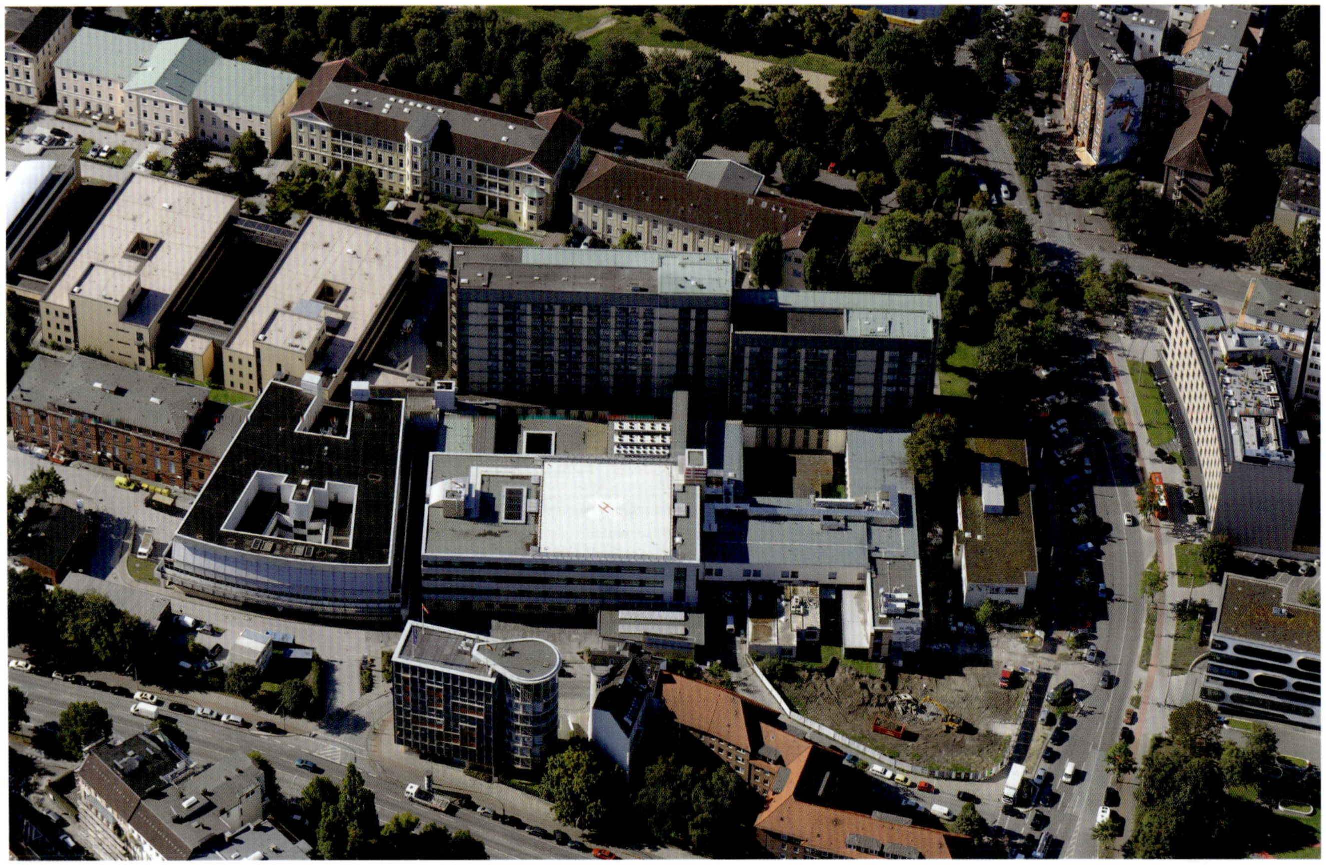

Die Fachleute nennen es Riegel – Häuser, die eckig und hoch den Blick auf die Umgebung abriegeln. Hier, zwischen der Außenalster und dem Berliner Tor (großes Foto), haben wir etliche dieser Riegel. Zu den bekanntesten zählen die Hochhäuser Beim Strohhause (unten im Foto rechts), der ehemaligen (und vielen Hamburgern immer noch bekannten) Anschrift des Polizeipräsidiums. Bei einem der größten Immobiliendeals der Stadt baute Investor Dieter Becken in den 90er-Jahren des vergangenen Jahrhunderts das ehemalige Polizeipräsidium um, neue Hochhäuser dazu und im gleichen Zug auch den neuen Polizeistern in Alsterdorf. Andere »Riegel«, wie das Philips-Haus unter der Schwimmoper, folgten. Die Straße Beim Strohhause teilt sich nach Westen in die Adenauerallee und die Kurt-Schumacher-Allee (unten). Nach Osten führte sie dann als Berliner Tordamm über die Gleise der S-Bahn. Nördlich dieser Stra-

ßen liegt der Steindamm. Eine Straße, die lange Jahre als der »dunkle Teil« von St. Georg galt, mit einem sozialen Brennpunkt: dem »Horrorhaus«, das nach einem Mord, der dort passierte, und jahrelangem Leerstand so genannt wurde. Doch seit 2009 geht die Entwicklung mit vielen neuen Bauprojekten beim Steindamm weiter. Der Regenbogen-bunte Teil von St. Georg liegt jenseits der Hochhaus-Riegel zur Alster hin. Ein Stadtteil, der mit starker Schwulenkultur und einer auch kulturell bunten Mischung als besonders tolerant gilt. In der Mitte des Stadtteils liegt die Asklepiosklinik St. Georg (kleines Foto unten). 2009 wurde beschlossen, das Bettenhaus für 16 Millionen Euro neu zu konstruieren. Dass Bürohäuser nicht immer nur »Riegel« sein müssen, beweist Architekt Hadi Teherani mit seinem »Berliner Bogen« (kleines Foto oben), ein Gebäude, das in unmittelbarer Nähe zum Bahnhof Berliner Tor liegt.

Event? Shoppingmall? Location? Und alles for free? Nein, Hamburgs schönster Freizeitpark ist noch frei von Sprach- und anderem Müll. »Planten un Blomen« geht noch immer locker über die Hamburger Zunge. Und mehr als 500 000 Menschen besuchen jedes Jahr das Gelände vor dem Dammtor-Bahnhof mit dem daneben liegenden CCH (großes Foto). Nach dem Zweiten Weltkrieg lag die Besucherzahl bei mehr als einer Million. Und so überlegen die Verantwortlichen in den Behörden und Ämtern, den Park attraktiver zu machen – mit »Events«! So hat die Baubehörde eine »Freeclimbing«-Wand angedacht (Klettern ohne Seil). Vielleicht reicht es wirklich nicht mehr, sich mitten in der Stadt in einer Oase der Ruhe nur an der Natur zu erfreuen. Dass es auch anders geht, zeigt der (gewonnene) Kampf um den Rosengarten. Ein Teil des Rosengartens sollte 2004 für einen Erweiterungsbau des CCHs aufgegeben werden.

Der Protest unter anderem von Loki Schmidt, inzwischen Ehrenbürgerin der Hansestadt, fruchtete. Den Rosengarten sehen wir links des erweiterten CCHs. Darunter liegen die künstlichen Teichanlagen mit einem kleinen Café. Im Wasser verborgen ist die Technik der Wasserorgel. Die beliebten, farbigen Wasserlichtkonzerte beginnen in den Sommermonaten nachts um 21 oder 22 Uhr. Nördlich des Rosengartens sehen wir die Bahngleise, dann die Grindelallee und die Staats- und Universitätsbibliothek (»Stabi«). Ein Stück weiter befindet sich der Fernsehturm mit der seit Jahren geschlossenen Aussichtsplattform (kleines Foto). Und hier zeigt sich, wie die Zeiten sich ändern. Früher war es eine Attraktion, im dortigen Drehrestaurant auf 132 Meter Höhe bei Kaffee und Kuchen die Stadt zu bestaunen. Heute »funktionieren« Turmrestaurants nicht mehr, sagen Gastronomen.

Millionen kommen in die Hansestadt. Hamburg feiert seine Feste. Und die Hamburger stehen zu Tausenden am Straßenrand und klatschen. Eine feine Stadt! Das haben auch die Sponsoren in einer von Events dominierten Welt gemerkt und unterstützen gern die Veranstaltungen. So zahlt ein Unternehmen 300 000 Euro, damit es seinen Namen dem Hamburg-Marathon geben darf. Das kleine Foto unten zeigt die Läufer an der gesperrten Reeperbahn vor dem Café Keese am Spielbudenplatz. Die Rekordbeteiligung lag bisher bei gut 23 000 Läufern. 25 000 sollen es bald werden. Satte Besucherzahlen verzeichnet auch der Hamburger Dom (großes Foto), das größte Volksfest in der Stadt. So kamen zum Sommerdom 2009 – in wirtschaftlich nicht so tollen Zeiten – vier Millionen Besucher. Das sind 300 000 mehr als im Vorjahr. Der Name des Festes erinnert an den Mari-

endom, der 1805 abgerissen wurde. In seinen Hallen gab es seit dem 14. Jahrhundert Weihnachtsmärkte. Als er geschlossen wurde, verteilten sich die Händler auf die Marktplätze der Stadt. Seit 1892 wurden die Marktstände auf das Heiligengeistfeld beschränkt – aber der Name »Hamburger Dom« als Bezeichnung für den Jahrmarkt blieb. Der Dom kommt heute dreimal im Jahr für einen Monat dorthin. Daneben sehen wir das Millerntorstadion. Seit 2009 gibt es Planungen, eine 4000-Zuschauer-Arena als »St. Pauli Music Hall« zu bauen. Auch an den Landungsbrücken, Hamburgs größtem Touristenmagnet, hat sich viel geändert (kleines Foto oben). Die Bauten wurden sturmflutfest gemacht, und ein neues Restaurant von Steakhauskönig Eugen Block soll dort eingerichtet werden. Er plant ein Brauhaus dort – mit Dachterrasse.

DER HAMBURGER HAFEN

Wirtschaftsmotor, Touristenattraktion, ein Ort für Fernweh und Sehnsucht: der Hamburger Hafen. Hier im goldenen Licht der untergehenden Sonne prachtvoll fotografiert: seit Jahrhunderten für das Schicksal und den Wandel der Stadt verantwortlich. Die glänzende Zukunft der Weltstadt ist hier verankert. Auch mit neuen Branchen und neuen Plänen, die mit der geänderten Infrastruktur freiwerdenden Flächen umzunutzen. Über den Hafen soll die Stadt zusammenwachsen, von den Landungsbrücken bis nach Harburg. Neue Wohngebiete, ganz neue Quartiere wie die HafenCity sind entstanden und sollen noch entstehen. Ein großer Trumpf, der in der ganzen Welt sticht, wird die Elbphilharmonie werden: Sie hat im Hafen den Logenplatz.

DOCK 5

Mehrere Bahnlinien, Kanäle, Autobahnzubringer, Großmarkt, Bürostadt – hier in Hammerbrook liegt eine Schaltstelle der Stadt (großes Foto). Vorn zwischen Oberhafen und der Amsinckstraße steht der Großmarkt Hamburgs mit seinem charakteristischen Wellendach, das aus der Vogelperspektive mittags schattenlos seine Konturen verliert. Mit 450 Marktfirmen und 2400 Mitarbeitern zählt der Großmarkt im Stadtteil Hammerbrook zu den bedeutendsten Unternehmen in Norddeutschland. 1962 wurde der Bau, eine Betonschalenkonstruktion, eröffnet. 1984 kam der Blumengroßmarkt. Unterhalb des Großmarktes liegt der Baakenhafen an der Norderelbe (kleines Foto). Oben im Foto kommt die S-Bahn von Rothenburgsort und fädelt sich nach Westen in den Bahnhof Berliner Tor ein. Mitten durch die City Süd führen die Gleise für die S-Bahn, die von der Veddel kommt; auch andere Züge nutzen die Trasse.

Neues bietet der Bahnhof Berliner Tor: Seit 29. Juni 2009 ist der durchgehende Betrieb auf der in den 1970er-Jahren gebrochenen Ringstrecke wieder eingerichtet. Das Kreuzungsbauwerk am Berliner Tor wurde so umgebaut, dass der Niendorfer Ast der U2 mit dem Billstedter Ast (vorher U3) kreuzungsfrei verbunden ist. Damit erhielt Hamburg die traditionelle Hochbahn-Ringlinie von 1912 zurück. Die City Süd wurde 1980 zwischen Spalding- und Süderstaße, Amsinckstraße und Heidenkampsweg geplant. Im Gegensatz zur City Nord gibt es keine Grünflächen. Die großen Büroflächen ließen sich nicht optimal vermieten, obwohl die City Süd nah am Zentrum liegt. Seit 1995 wird das 82 Hektar große Quartier aufgewertet. Zu den besonderen Bauten dort zählt das Bürogebäude Berliner Bogen (oben im Foto) von BRT Architekten. Es wurde mehrfach ausgezeichnet.

Im HHLA Container Terminal Altenwerder werden wie von Geisterhand die Güter auf die Reise gebracht. Mit halbautomatischen Containerbrücken werden wasserseitig Schiffe gelöscht und deren Stahlkisten dann über ein computergesteuertes Datenfunksystem auf die Schiene oder Straße gebracht (großes Foto). Das Terminalgelände ist im westlichen Bereich nicht nur an die Autobahn A 7 (Waltershof) angebunden, sondern hat auch einen eigenen Containerbahnhof für den kombinierten Verkehr. Hier in Altenwerder treffen viele Verkehrswege aufeinander. Von Süden kommt die Autobahn 7, geht über den Anschluss Waltershof zum Elbtunnel. Die A 7 geht über den »Finkenwerder Knoten« (im Foto links neben dem Windrad). Fünf Jahre lang wurde dieser Finkenwerder Knoten entwirrt und für 50 Millionen Euro umgebaut.

Brücken entstanden ebenso wie neue Kreisel; Kreuzungen wurden beseitigt und die Finkenwerder Straße vierspurig ausgebaut. 75 000 Quadratmeter zusätzlicher Verkehrsflächen wurden geschaffen. Ende 2008 meldete das Hamburger Abendblatt: »Der Finkenwerder Knoten ist gelöst.« Der Verkehr – immerhin 40 000 Autos pro Tag – rollt fast kreuzungsfrei. Als nächstes Projekt soll die »Hafenquerspange«, eine Verbindungsautobahn, kommen. Die Spange soll die Autobahnen 1 und 7 verbinden. Seit den 80er-Jahren wird dies immer wieder diskutiert (und auch der Protest hat sich schon formiert). Den Hafenbetrieben am Vulkanhafen, neben der Köhlbrandbrücke (kleines Foto unten) und am Containerterminal (kleines Foto oben) wäre damit geholfen.

Blickrichtung Nordwesten auf die im Bau befindliche Elbphilharmonie, die am linken Bildrand oben zu erkennen ist (linkes Foto): Wir schauen auf den Stadtteil Kleiner Grasbrook, eine ehemalige Binneninsel zwischen der Veddel (unten) und Steinwerder (stromab). Auf der Insel befinden sich fast ausschließlich Hafenanlagen mit Kaimauern, Schuppen (vorn) und Löschanlagen; von der Straße Am Saalehafen, die parallel zu den Gleisen der S-Bahn-Linie verläuft, führt die Sachsenbrücke (rechts) dorthin; von Süden (links im Foto) führt die Dessauer Straße auf den Kleinen Grasbrook. Links sehen wir den Hansahafen, vorn den Saalehafen und rechts den Moldauhafen; ihm gegenüber liegt das Überseezentrum. Zwischen den Backsteinbauten vorn verläuft die Veddeler Brückenstraße. Der Kleine Grasbook gehört zum Bezirk Mitte und ist immer wieder für neue Pläne ins Spiel gebracht worden. Die Herren

treten selbstbewusst auf: »We repair anything that floats!« Auf Deutsch: Es gibt kein Schiff, das nicht bei Blohm + Voss Repair repariert werden kann. Dazu gibt es auch das Trockendock 17 – eines der größten seiner Art in Europa. Im rechten Foto ganz rechts wirkt es zwar klein, doch es ist mehr als 350 Meter lang. Und vielen Hafenbesuchern auch wegen der gigantischen »Dockplakate« bekannt. Auf dem Foto blicken wir aus Osten auf die Norderelbe. Oben sehen wir das Nordufer mit der Großen Elbstraße und dem Fischmarkt, gegenüber den Europakai. Die Werftanlagen von Blohm + Voss liegen am Wendemuthkai und Werfthafen. Die deutsche Schiffswerft Blohm + Voss (1877 gegründet) hat ihren Hauptsitz in Hamburg und ist ein Betriebsteil der ThyssenKrupp Marine Systems AG. Rund tausend Mitarbeiter hat die Werft in Hamburg.

Große Industrieanlagen gehören zum Hafen (Foto links): Hier sind wir am Moorburger Elbdeich, der rechts im Foto zu erkennen ist, und mitten in der Erdölraffinerie am Seehafen 4, der in die Süderelbe mündet. Also dort, wo der normale Hamburger nie hinkommt. Die Holborn Europa Raffinerie GmbH hat eine Rohöldestillationskapazität von fast fünf Millionen Tonnen pro Jahr. Das Rohöl stammt hauptsächlich aus Libyen und kommt über eine Pipeline aus Wilhemshaven. Rohöl ist, wenn es aus dem Bohrloch kommt, nicht einsetzbar. Es muss weiterverarbeitet werden. In einer Raffinerie durchläuft es verschiedene Verfahren. Diese Verfahren heißen Destillation, Konversion oder Cracken, Entschwefelung und Veredelung. Zum Beispiel werden Schwefel-Kohlenstoff-Verbindungen in einer Entschwefelungsstufe entfernt.

Tausende von Autos stehen auf dem Autoterminal, der an der Spitze der Elbinsel Hohe Schaar zwischen Süderelbe, Rethe und Kattwykhafen liegt (Foto rechts). Das Terminal liegt exakt südlich der Köhlbrandbrücke und hat an der Spitze (Krusenbusch) einen Leuchtturm. Auf der Insel sitzt die Unternehmensgruppe BLG Logistics, hervorgegangen aus der 1877 gegründeten Bremer Lagerhaus-Gesellschaft. BLG bewegt insgesamt fünf Millionen Fahrzeuge pro Jahr. In Hamburg finden auf dem 324 000 Quadratmeter großen Firmengelände bis zu 12 000 Fahrzeuge Platz. Rund 150 Mitarbeiter kümmern sich um Handling und Lagerung. Zwei Gleisanschlüsse und zwei Kopframpen helfen dabei. Außerdem sorgt die eigene Lkw-Flotte für den Transport vom Autoterminal zu den Händlern.

Wie bitte, so klein können Brücken sein? Doch der erste Eindruck täuscht: Die Köhlbrandbrücke (großes Foto) bleibt Hamburgs imposantestes Brückenbauwerk. Der Blick aus Norden auf den Köhlbrand und die Süderelbe rückt alles nur in die rechten Dimensionen. Die größte und bestimmende Dimension im Hafen bilden die Schiffe, und weil diese immer größer werden, könnte die Köhlbrandbrücke auch einmal weichen müssen. Der Blick hier zeigt rechts die Autobahn 7 (aus dem Elbtunnel kommend); hinter der Brücke liegt die Hohe Schaar mit dem Autoterminal auf der Spitze. Gegenüber ist der Containerterminal. Die Köhlbandbrücke ist 53 Meter hoch, gemessen über dem Wasserspiegel bei Niedrigwasser (»Kartennull«). Und das elegante Wahrzeichen des Hafens gehört zu einem touristischen Quintett, das Hamburger gern ihren privaten Gästen mit einer Auto-

tour zeigen: Reeperbahn, Elbtunnel, Köhlbrandbrücke, Alter Elbtunnel, Alster. Unspektakulär ist dagegen die Brücke über die Norderelbe. Hier (kleines Foto unten) führt die Autobahn 1 über das Wasser. Stromab liegt die Insel Kaltehofe, dahinter das Kraftwerk Tiefstack und die Stadtteile Moorfleet und Billbrook. Von rechts kommt die Dove-Elbe. Sehenswerter ist die Kattwykbrücke (kleines Foto oben), eine Hubkonstruktion. Sie führt hier vom Moorburger Ufer auf die Kattwykhalbinsel. Vorn liegt die Baustelle des Steinkohlekraftwerks Moorburg. 2,5 Milliarden Euro soll das Werk nach Angaben des Betreibers Vattenfall kosten. Ab 2012 erzeugen zwei Kessel 1640 Megawatt Strom und 450 Megawatt Fernwärme. Damit kann man 85 Prozent des Hamburger Bedarfs an Strom und Wärme decken.

Wilhelmsburg wird von wichtigen Verkehrsachsen durchschnitten. Zum Beispiel von der 1951 eröffneten Wilhelmsburger Reichsstraße (großes Foto), der Bundesstraße 75. Diese kommt von Norden über die Autobahn 252 und führt lotrecht nach Süden. Viele Straßen in dem alten Viertel um den Flakbunker folgen diesem Schema. Auch die Kanäle. Unten im Foto ist es der Veringkanal mit der parallel verlaufenden Industriestraße daneben. Im Osten liegt der Aßmannkanal mit einer idyllischen Kleingartensiedlung und dem Freibad. Um den Bunker gruppieren sich die langen Häuserzeilen einer Saga-Siedlung aus den 30er-Jahren mit 900 Wohnungen. Der Bunker an der Neuhöfer Straße soll auf 3700 Quadratmetern eine Solarkollektorfläche erhalten und die Wohnungen beheizen. Die Hamburger Bau- und Umweltbehörde will damit die nachhaltige Stadtentwicklung und neue

ökologische Standards fördern. Das kleine Foto oben zeigt den Kern Wilhelmsburgs im Osten mit dem S-Bahnhof und den östlich der Gleise liegenden Siedlungen mit den Hochhäusern. Auf diesem Bild kann man gut erkennen, wie unterschiedlich der Stadtteil, der mehr als 35 Quadratkilometer groß ist, strukturiert ist. Neben den großen Häuserblöcken liegen ruhige Viertel mit Einzelhäusern, und nach Osten wird es fast ländlich. Eine große Idylle zeigt sich links oben im Foto: Hier am Wilhelmsburger Industriebahnhof liegt ein großes Kleingartengebiet. Mit großen Industriegebieten kann der Stadtteil auch aufwarten. Das kleine Foto unten zeigt den Reiherstieg mit dem Sperrwerk am Schmidtkanal und dem darüberliegenden Schluisgrovehafen. Auf der anderen Seite liegt der Rangierbahnhof Hohe Schaar.

Es ist natürlich falsch, und die Hamburger Politik arbeitet auch mit der Losung »Sprung über die Elbe« dagegen an: In Hamburg ist man eben nicht »erst, wenn man die Elbbrücken hinter sich gelassen hat«. Denn Hamburgs Süden bietet als einziger Stadtteil die Flächen und die Struktur für eine citynahe Entwicklung. Unten auf dem linken Foto sehen wir den Bahnhof Veddel und den Müggenburger Zollhafen, links einen Teil des Kleinen Grasbrooks, von rechts kommt die Autobahn 255 auf die Neue Elbbrücke und wird dann zur Billhorner Brückenstraße (gern bei den Staumeldungen »B4/75« genannt), links führen die Gleise und die Freihafenstaße über die Elbbrücken. Die Norderelbbrücke mit ihren schönen Stahlbögen wurde bis 2009 für 129 Millionen Euro saniert. Westlich dieser Brücken gibt es bis zur Mündung in die Nordsee keine Brücke über die Elbe mehr. Elbinsel Wilhelmsburg,

Autobahnkreuz Hamburg-Süd, südlich der Norderelbe: Hier ragen Windkraftanlagen in die Höhe (rechtes Foto). Sie stehen auf einem schönen grünen und gepflegten Berg, der Deponie Georgswerder. 42 Hektar groß, 40 Meter hoch ist der Berg, und er hat einmal fast 100 Millionen Euro verschlungen. Rund 30 Jahre lang war Georgswerder die Hamburger Mülldeponie, die Hausmüll, aber auch Industrieabfälle schlucken musste. Anfang der 80er-Jahre des vergangenen Jahrhunderts wurde im Sickerwasser das Gift Dioxin gefunden. Die Gifte wurden in der ehemaligen DDR entsorgt. Die Deponie ist als Bauwerk gesichert und soll für die öffentliche Nutzung freigegeben werden. Im Hintergrund des Fotos sehen wir die Elbinsel Kaltehofe, davor die Peute (mit »der Affi«) und weitere Industrieanlagen. Von Osten kommt die Autobahn 1. Von Süden die A 255, die nach links zu den Elbbrücken führt.

Der perfekte Blick, um ein Vorurteil zu versenken, denn dieses Quartier wird leicht übersehen: das wunderschöne grüne Fleckchen ist Rothenburgsort, gleich östlich der Neuen Elbbrücke gelegen. Bestes Stück ist der Elbpark Entenwerder auf der kleinen Halbinsel (linkes Foto). Einst als Viehweide genutzt, war hier ab 1959 ein Wohnwagenplatz für Dom-Schausteller. 1993 beschloss der Senat, hier einen Park anzulegen. Bis heute ist das ein Geheimtipp. Dabei ist der Ausschläger Elbdeich nicht schwer zu finden. Auf dem Foto liegt er rechts an der Brücke (dem Sperrwerk Billwerder Bucht) zur Insel Kaltehofe. Der Stadtteil Rothenburgsort liegt im Bezirk Mitte, ist 7,5 Quadratkilometer groß und hat 9000 Einwohner. Nördlich der Wohnviertel liegen Eisenbahnanlagen, dahinter ein Industrie- und Gewerbegebiet. Der Name geht auf die Kaufmannsfamilie Rodenburg zurück, die sich 1614 hier einkaufte. Billbrook ist

ein Industriestadtteil im Südosten des Bezirks Mitte. Dem Autofahrer bekannt durch die Andreas-Meyer-Straße (unten im rechten Foto), die zum Autobahnanschluss Moorfleet führt. Unten sehen wir den Holzhafen mit der Straße Moorfleeter Deich; dieser Teil ist noch ländlich strukturiert. Weiter nach Norden liegen drei Stichkanäle fast parallel nebeneinander: der Moorfleeter-, der Industrie- und der Tidekanal. Billbrook hat eine Fläche von gut sechs Quadratkilometern und nur 1400 Einwohner. Schon um die Wende zum 20. Jahrhundert wuchsen hier die ersten Industriegebiete. Die planmäßig angelegten und völlig gerade verlaufenden Straßen zeigen die Entstehung auf dem Reißbrett. Bittere Bekanntheit erlangte der Stadtteil durch die Firma Boehringer, deren Dioxinausstoß viele Arbeiter erkranken ließ. Der Boden ist weiter belastet und mit Spundwänden weiträumig abgetrennt.

Dieser Teil Hamburgs scheint jedem Einwohner ganz persönlich zu gehören. So als könne man ihn in die Tasche stecken, um ihn bei passender Gelegenheit vorzuzeigen und stolz sagen: »Das ist meins!« Die passende Gelegenheit dazu ist der Hafengeburtstag jeweils Anfang Mai. Das größte Hafenfest der Welt lockte 2009 mehr als 1,2 Millionen Besucher auf die Meile zwischen Baumwall und den St.-Pauli-Landungsbrücken. Die Schiffe sind die Stars; sie ernten Beifall bei der Einlaufparade von Großseglern, Traditionsschiffen, Sportbooten und Motorjachten. Beifall gibt es auch für das Schlepperballett (kleines Foto): Zu Walzermusik rollen und stampfen die PS-starken Schlepper vor den Landungsbrücken. Oder sie kurven mit voller Kraft durchs Wasser, sodass die Zuschauer auch einmal nass werden können. Die Idee zur Tanzvorführung der Kolosse stammt

aus den 70er-Jahren des vergangenen Jahrhunderts. Man wollte die Wendigkeit der Schlepper einem großen Publikum präsentieren. Der Star zu Wasser war 2009 die »Voyager of the Seas«, ein Kreuzfahrer, der vor der Indienststellung der »Queen Mary 2« der größte seiner Art war, lag im Dock bei Blohm + Voss (großes Foto). Mit einer Länge von 311 Metern und einer Passagierzahl von 3800 schwimmt sie noch weit vorn mit. Attraktion ist ein Eislaufstadion mit 900 Plätzen an Bord. Im Hintergrund sehen wir den »Altstar« des Hafens, die weiß-rote »Cap San Diego«, und das zukünftige Wahrzeichen, die blau verkleidete und im Bau befindliche Elbphilharmonie. Gefeiert wird, weil der Hafengeburtstag sich auf den »Freibrief« von Kaiser Barbarossa beruft. Und der wird auf den 7. Mai 1189 datiert.

Ein buntes Lichtermeer in der schwarzen Nacht. Die größte Lichtshow beim 820. Hafengeburtstag spendiert der Ozeanriese »Voyager of the Seas«, der im Trockendock bei Blohm + Voss liegt. Neben den Lichtern der Innenstadt, die eher an Glühwürmchen erinnern, flammen an der Hafenmeile zwischen Baumwall und Fischmarkt die Scheinwerfer bei den vielen Musikbühnen auf. Und da glüht noch etwas in der Nacht: die Reeperbahn auf St. Pauli, die Rotlichtmeile, die sich immer mehr zur Event- und Party-Meile entwickelt. Aber St. Pauli besuchen, wenn man dem Altkanzler Helmut Schmidt glauben mag, sowieso keine Hamburger, daher zurück an den Hafen: Die Party nachts am Hafengeburtstag verlangt bei den Gästen Planung und Stehvermögen, sonst sieht man vom Feuerwerk (kleines Foto oben) wenig. Denn es

ist ein traditioneller Höhepunkt im Abendprogramm und in der Regel rappelvoll. Die sogenannten Oberdecks der Landungsbrücken gehören zu den schönsten Aussichtsplätzen. Doch die Enge bei der Millionenparty gehört dazu: Wer nie des Nachts in seliger Feierlaune auf so einer Party Hans Albers mit »Komm doch, liebe Kleine, sei die meine …« gehört hat, der ist (dem Lied folgend) »ein armer Wicht«. Die Hymne »Auf der Reeperbahn nachts um halb eins« des Blonden Hans gehört zum Hafengeburtstag. Schließlich hat der Hafengeburtstag für viele Besucher auch den Sinn, dass »jeder Topf einen Deckel findet«. Das zählt alles nichts an den Containerterminals (kleines Foto unten). Hier wird auch nachts im Scheinwerferlicht gearbeitet. Die Hafenseligkeit eines Hans Albers gibt es hier nicht mehr.

DIE STADT WESTLICH DER ALSTER

Der Westen Hamburgs mit seinen Stadtteilen Harvestehude, Eppendorf, Eimsbüttel, Rotherbaum gehört zu den bevorzugten Wohnlagen in der Millionenstadt. Hier zeigt das Alsterpanorama mit seinen weißen Villen, den Konsulaten und anderen Wohnsitzen großbürgerlicher Kultur unverändert seine schönsten Seiten. Häuser, die mit ihrer Großzügigkeit demonstrieren, wie es einst war – welche Lust es war, dort den Sommer zu verbringen. Auch hier wächst die Stadt im Kleinen mit exklusiven Bauprojekten, die alle nobles Wohnen im Mittelpunkt haben. Und der Westen ändert sich auch dort, wo Hamburg am bekanntesten ist: St. Pauli mit seinen Rotlichtbezirken entwickelt sich weiter zur Event- und Feiermeile – und die Mieten beginnen zu steigen.

Weiße Häuser in lockeren Reihen, grüne Bäume, üppig gewachsen, und die Alster greifbar nah, das ist das noble Wohnviertel Harvestehude. Links der Alster – eine Ortsangabe, die genauso falsch ist wie das Vorurteil, am rechten Alsterufer herrsche noch die wilde Barbarei (richtig ist hier: rechtes Ufer, man schaut in Fließrichtung). Etagenhäuser aus unterschiedlichen Stilrichtungen, Villen und Stadthäuser prägen das Bild. Einige Häuser haben noch die Souterrainwohnungen, in denen einst das Personal lebte. Zentrum dieses Quartiers ist der Kreisverkehr Klosterstern mit der St.-Nikolai-Kirche, der U-Bahnstation und der bekannten Einkaufsstraße Eppendorfer Baum, dem heimlichen Mittelpunkt des Viertels, wo man so elegant in zweiter Reihe parken kann. Vom Klosterstern führt die Rothenbaumchaussee nach Süden; parallel dazu verläuft rechts der Mittelweg und oben quer am

Isebekkanal die Isebekstraße. Die Brücke über den Alsterlauf führt auf die Maria-Louisen-Straße, wo auch der Rondeelteich liegt. In Harvestehude leben mehr als 16 000 Einwohner auf zwei Quadratkilometern. Am westlichen Alsterufer logiert auch das Cliff direkt am Alsterspazierweg (kleines Foto oben). Das Eis im Cliff gehört ebenso im Sommer zum Alsterspaziergang wie eine coole Sonnenbrille. Natürlich gibt es auch einen Bootsanleger. Über die Hallerstraße, die an den Tennisplätzen am Rothenbaum (kleines Foto unten) vorbei zur Alsterchaussee und dem Fährdamm führt, kommt man zum Cliff. Zwei wichtige Dinge sind am Cliff zu beachten: In der Nähe liegt die Hundewiese und ein paar Meter weiter kommen die »Alsterwiesen« mit den wunderschönen weißen Sesseln aus Holz, die im Sommer so gern zu kleinen Gruppen zusammengestellt werden.

Änderungen im Bestand – klingt bürokratisch, schafft aber, wie hier in Rotherbaum, eine neue Attraktivität. Man muss nur genau hingucken (großes Foto): Die gesamte Messe (unten links) wurde für mehr als 300 Millionen Euro erweitert. Mehr als eine Million Besucher jährlich genießen die kurzen Wege. Zum Beispiel über die Marseiller Straße zum Congress Center Hamburg (erkennbar an den Großbuchstaben CCH auf dem Dach) oder zum Radisson-Hotel, dem höchsten der Stadt. Die 556 Zimmer wurden für 45 Millionen Euro entkernt und renoviert. Das 1973 eröffnete Hotel firmiert nun unter »Radisson Blu«. Ein paar Schritte entfernt steht Hamburgs schönster Bahnhof, der Dammtor-Bahnhof (auch kleines Foto oben). Für 24 Millionen Euro wurde er aufwendig restauriert und umgebaut. Das Gleiche passierte im »Casino Esplanade«

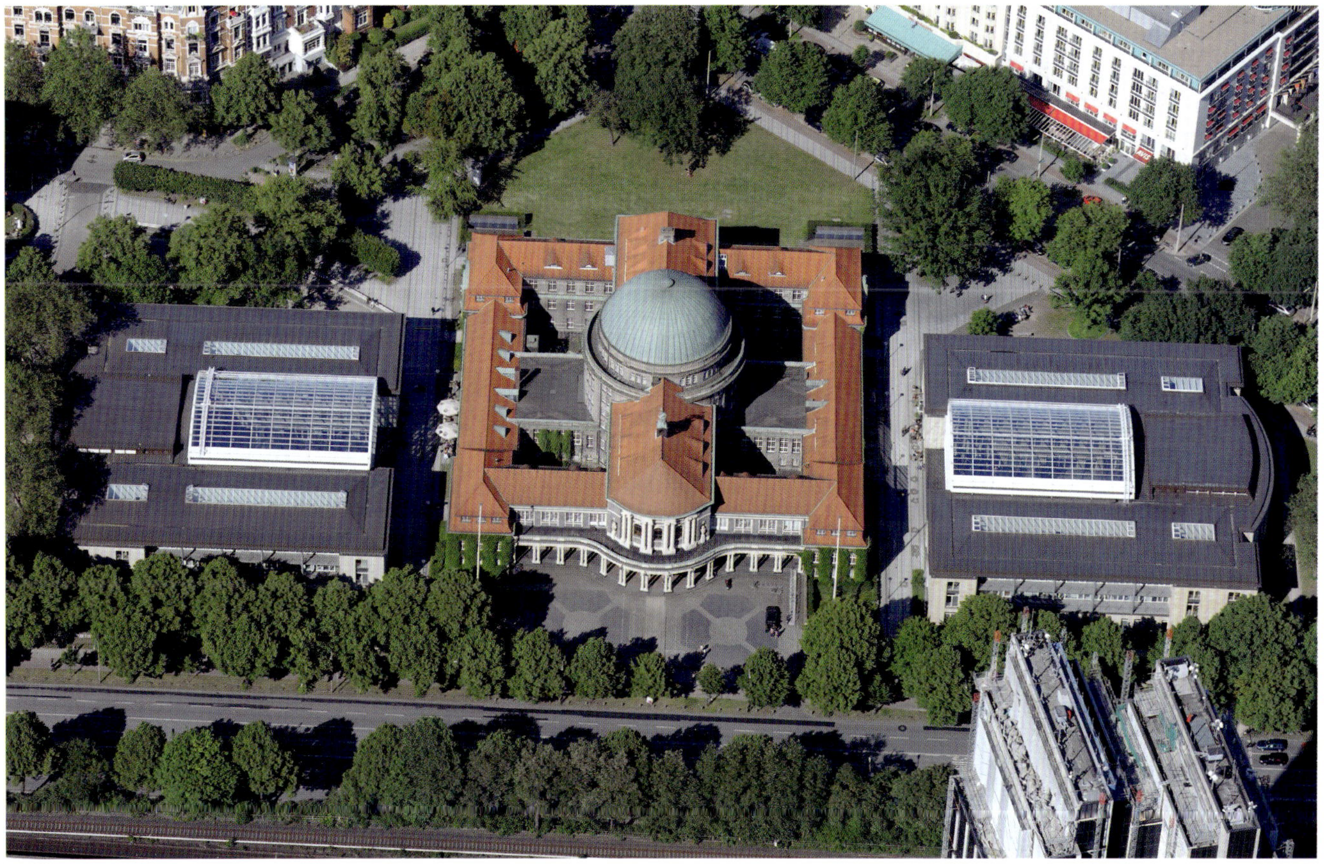

am Stephansplatz (ganz rechts im Foto), das nun mit »Monaco-Ambiente« wirbt. Der Gustav-Mahler-Park direkt neben der Spielbank ist ebenfalls neu, ein prima Treffpunkt und (noch) ein Geheimtipp. In dem Gartenlokal lässt es sich sonntags herrlich brunchen. Nördlich der Gleise liegt gleich der Kuppelhauptbau des Universitätsgebäudes mit den Flügelbauten an der Edmund-Siemers-Allee. Mit rund 38 000 Studierenden ist die Uni eine der größten in Deutschland. 650 der insgesamt 3990 Wissenschaftler sind Professorinnen und Professoren. Ein paar Schritte weiter liegt das für 100 Millionen Euro erweiterte Elysee-Hotel. Es hat jetzt den Zusatz »Grand« und 520 Zimmer. Hier wurde die Fahrtrichtung der Tesdorpfstraße geändert, damit Beifahrerinnen unter dem neuen Dach aussteigen können und bei Regen trocken bleiben.

Gibt es einen citynahen Stadtteil, der von seinen Bewohnern heißer geliebt wird als Eppendorf? Darüber lässt sich trefflich streiten. Unstrittig sind die Wohn- und die Aufenthaltsqualität, die auch der Besucher genießen kann. Viele schöne Straßen liegen hier dicht beieinander. Mehr als 22 000 Einwohner hat Eppendorf auf 2,7 Quadratkilometern. Vom Eppendorfer Baum geht es nach Westen unter der gleichnamigen U-Bahnstation durch, dann über den Isebekkanal auf die große Kreuzung: Hier kommt von unten der Lehmweg, nach rechts geht die Eppendorfer Landstraße hoch; nach links führt die Curschmannstraße auf den Eppendorfer Park und zum UKE-Gelände. Mitten in Eppendorf ist man an der Kümmellstraße mit dem Bezirksamt Eimsbüttel. Hier gibt es Parkplätze, weil häufig Strafzettel verteilt werden. Absolute Mangelware sind ab späten Vormittag Parkplätze

dagegen an der Eppendorfer Landstraße (Foto Mitte). Es ist eine der schönsten Einkaufsstraßen Hamburgs, in der in dichter Folge die unterschiedlichsten Geschäfte, Cafés, Boutiquen und Kneipen liegen. Hier findet man einen »Mix«, von dem viele Einkaufszentren nur träumen können. Richtig wichtig wird es dort, wo die Kellinghusenstraße (dann als Ludolfstraße) auf den Alsterlauf führt. Hier liegt östlich der Leinpfad und die Pfarrkirche St. Johannis, eine der beliebtesten Heiratskirchen in ganz Norddeutschland. Der Backsteinturm wurde um 1200 erbaut, der Fachwerksaal um 1622. Ein paar Schritte entfernt liegt (im Winkel der Gleise) das Kloster St. Johannis. Seine Geschichte reicht bis ins 13. Jahrhundert. Sein einst erhebliches Vermögen ist allerdings nahezu aufgebraucht. In dem Damenstift leben heute 70 Bewohnerinnen.

Hier »entschleunigt« sich Eppendorf: ein kleiner Park, eine Wiese, Spazierwege und ganz versteckt eine Schreberidylle (großes Foto). Rechts unten ist der Alsterlauf mit den kleinen Booten auf dem Wasser zu erkennen, mit dem Hayns Park, einem ganz kleinen Fleckchen Natur, und dem Spazierweg. Die Aussicht auf die Alster mit den gegenüberliegenden Häusern und den parkähnlichen Wassergrundstücken ist prachtvoll, genauso wie die Aussicht, hier andere nette Menschen zu treffen. Ein Treffpunkt ist der kleine Pavillon dort; man erkennt auf dem Foto das runde, grüne Kupferdach. Ein paar Meter flussaufwärts liegt die Straße Meenkwiese mit einer Brücke zum Ostufer der Alster. Links davon findet sich der Eppendorfer Mühlenteich, der durch die Stauung der Tarpenbek entstand, mit dem Salomon-Heine-Weg. Die Hamburger Alsterschwäne überwintern hier; die Wasseroberfläche

wird mit einer Pumpe eisfrei gehalten. Viele andere Wasservögel lockt dies auch an. Links daneben liegen Tennisplätze, dann treffen die Straßen (von links): Nedderfeld, Roosenbrook, die Erikastraße (nur ein Wendehammer) und von unten kommend die Tarpenbekstraße (B 433) aufeinander. Oberhalb dieser Kreuzung liegen links ein Kleingartengebiet, dann das Gewerbegebiet und schließlich an der Alsterkrugchaussee das Naturschutzgebiet Eppendorfer Moor, ein Rest der ehemals weiten Alsterniederungen. Viele seltene Vögel finden sich hier; auch die Nachtigall soll schon gesichtet worden sein. Ein beliebtes und geschlossenes Wohnquartier liegt links der Tarpenbekstraße und unterhalb des Lokstedter Wegs (kleines Foto unten). Gleich daneben steht das Universitätsklinikum Eppendorf (UKE) mit dem 2009 eingeweihten neuen Gebäude (kleines Foto oben).

Ein bunter Mix aus Wohnen und Gewerbe – aus Parks und Hauptverkehrswegen, aus Alt und Neu: Hier am Schnittpunkt von Hoheluft und Eppendorf funktioniert er (großes Foto). Zum Beispiel im Falkenried-Quartier, das im Foto in der Mitte oberhalb der Hoheluftchaussee als fast quadratischer Block zu erkennen ist. Einst lagen hier die Fahrzeugwerkstätten Falkenried. Busse und Straßenbahnen wurden hier gewartet. Nach umfangeichen Sanierungen und Neubauten entstand für 300 Millionen Euro ein Viertel zum Leben und Arbeiten. Werkhallen wurden zu Büros. 300 Wohnungen und 52 Stadthäuser entstanden. Die TV-Macher von RTL-Nord zogen mit 100 Mitarbeitern ein. Ein Ort zeigt seine Qualitäten auch in der Nachbarschaft: Der Isebekkanal ist nicht weit; Eppendorfs Kern mit Geschäften, Cafés, Szenelokalen und den Boutiquen auch nicht. Die Verbindungen per Bus und

Bahn sind gut. Etliche Architekturpreise hat das Quartier Falkenried erhalten. 2008 gab es 10 000 Euro von der Baubehörde für den Bezirk Nord für »den fantasievollen Umgang mit dem knappen städtischen Raum«. Die spannende, städtebauliche Entwicklung in Hoheluft um das beliebte Generalsviertel und die Falkenriedterrassen ist der Hamburger Volkshochschule (VHS) sogar einen eigenen Kursus wert, der die Teilnehmer die Situation vor Ort erkunden lässt. Die (etwas provokante) Fragestellung des VHS-Kurses lautet: Kann es da eine eigene Stadtteilidentität geben? Ganz geschlossen, fein säuberlich aufgestellt wie die Soldaten einer Parade – so zeigt sich das Generalsviertel (kleines Foto), dessen sieben Straßen nach preußischen Generälen benannt sind, wie die Gneisenaustraße. Stadtvillen, Vorgärten und der Milieuschutz prägen das Bild. Ruhe ist hier Pflicht.

Die Osterstraße gehört zu den bekannteren Straßen Hamburgs und liegt in Eimsbüttel: eine Einkaufs- und Wohnstraße. Im linken Foto verläuft sie unten quer leicht geschwungen. Oben links sehen wir den Hochhauskomplex an der Julius-Vosseler-Straße, die Lenz-Siedlung mit eigenem Förderverein, Zeitung und Stadtteilbüro. Eine Siedlung, die trotz ihrer Klotzigkeit Charme entwickelt. Und wir sehen noch eins: Mitten in der Millionenstadt stehen üppige Reihen großer Bäume. Die alle dazu beitragen, dass Hamburg besonders aus der Luft wie eine grüne Stadt wirkt. Unten im Foto, wo die Osterstraße auf den Heußweg trifft, stand einmal ein Bunker. Einer Vision des Investors Kurt Groenewold folgend, konnte der Klotz mit vielen Mini-Sprengungen aufwendig entfernt werden. Es sollte etwas entstehen, das »der Identifikation mit dem

Stadtteil Eimsbüttel« dient. Der Bunker ist heute weg, keiner vermisst ihn. An seiner Stelle finden wir die Karl-Schneider-Passage (Läden, Büros und 74 Wohnungen). Seine Architekten von Bassewitz Limbrock Partner wurden dafür ausgezeichnet. Der Riese kommt in dezentem roten Klinker: So zeigt sich die Zentrale des Beiersdorf-Konzerns an der Unnastraße im rechten Foto rechts unten. Apotheker und Ärzte (die Herren: Paul Beiersdorf, Paul Unna und Oscar Troplowitz) entwickelten Pflaster, Salben und Klebeband, die heute jeder kennt (Tesa). Für das Jahr 2008 meldete Beiersdorf den Rekordumsatz von 5,97 Milliarden Euro. Oberhalb der Unnastaße liegen die Forschungsabteilungen von Beiersdorf. In dem neuen Gebäude an der Troplowitzstraße arbeiten 200 Forscher.

Treffpunkt vieler Verkehrswege ist das Schanzenviertel unterhalb des Bahnhofes Sternschanze, der im großen Foto rechts oben unter dem Park zu finden ist. Seit 2008 wird »die Schanze« nicht mehr auch noch durch die Bezirksgrenzen von Altona, Eimsbüttel und Mitte zerschnitten, sondern ist zu einem eigenen Stadtteil von Altona geworden. Es stellt ein einheitlich gewachsenes Quartier und Szeneviertel dar mit Wohn-, Geschäfts- und Gewerbebauten. Ein Zentrum ist hier die Rote Flora, ein autonomes, besetztes Kulturzentrum am Schulterblatt. Diagonal im Foto finden wir die S-Bahn-Linie. Vom Bahnhof geht die Schanzenstraße zum Neuen Pferdemarkt hinunter. Hier zweigen nach Westen das Schulterblatt und die auf Tempo 30 reduzierte Stresemannstraße ab. Unten im Foto quer läuft die Thadenstraße auf den Wohlers Park zu. Das 4,5 Hektar

große Gelände war ein Friedhof und ist heute auch als »Meditationspark« (wegen der besinnlichen Stimmung dort) bekannt. Bekannt sind auch die runde Schilleroper (links vom Pferdemarkt) und der Wasserturm im Schanzenpark, der heute ein 256-Zimmer-Hotel beherbergt. Nicht weit weg liegt im Norden die Fruchtallee (kleines Foto links) mit dem hübschen, kleinen Wehbergs Park nebenan. Der Park ist sehr gut über die U-Bahn-Station Emilienstraße zu erreichen. Am Rande befindet sich eine kleine befestigte Grillecke. Die Rasenfläche ist Hundeauslaufwiese. Am Wochenende treffen sich dort gern Anwohner zum Grillen oder zu kleinen Festen. Dahinter liegt eines der typischen Wohnquartiere, hier im Mix aus weißen Fassaden und roten Dächern. Die breite Straße, die nach Norden führt, ist der Doormannsweg.

Die Stadt von einer ihrer neuen Schokoladenseiten – natürlich am Wasser (großes Foto): Am Ufer sehen wir links den Anfang der »Perlenkette« der Neubauten von Neumühlen. Hier ist auch eine Promenade am Wasser entstanden, die vielleicht entdeckt werden wird, wenn die »ewigen« Bauarbeiten mal zu Ende sind. Wir sehen rechts die Ausläufer des Fischereihafens unterhalb der Großen Elbstraße. Dann beginnt stromab der Neumühler Kai mit den Neubauten. Darüber liegt im Stadtteil Ottensen Donners Park direkt am Geesthang – einer der vielen Parks in Hamburg, deren Name auf den ursprünglichen Besitzer hinweist. Das Gelände gehörte einst der Altonaer Bankiers- und Industriellenfamilie Donner. Unter anderen wohnte früher dort Helene Donner, die das Helenenstift schuf. Nach ihrem Tod kaufte die Stadt Altona im Jahre 1912/13 das Gelände und machte es als Donners Park der Öffentlichkeit zugänglich. Bekannt

war auch das »Donnerschloss«, ein Landhaus, das im Zweiten Weltkrieg durch Luftangriffe zerstört wurde. Heute gehört Donners Park zu den beliebten Naherholungsgebieten mit Liegewiese und Rodelberg. Die alten Strukturen sind im Park noch erkennbar. Zwischen 1796 und 1836 hat der Architekt Joseph Rameé Landschaftsgärten an der Elbchaussee entworfen, darunter Baurs Park, Donners Park und den Heine-Park. Rechts im großen Foto sehen wir das Altonaer Rathaus und die Max-Bauer-Allee, die zum Bahnhof führt. Ein 30 Hektar großes Gebiet soll hier als Wohnviertel entstehen, wenn ein neuer Fernbahnhof am Diebsteich gebaut wird. Jetzt ist der Sackbahnhof Altona (kleines Bild unten) in einen Mix von Wohnen, Einkaufen, Parken und einer unübersichtlichen Verkehrsführung eingebettet. Zu den markanten Bauten zählt das Altonaer Krankenhaus, heute die »Asklepios Klinik Altona« (kleines Foto oben).

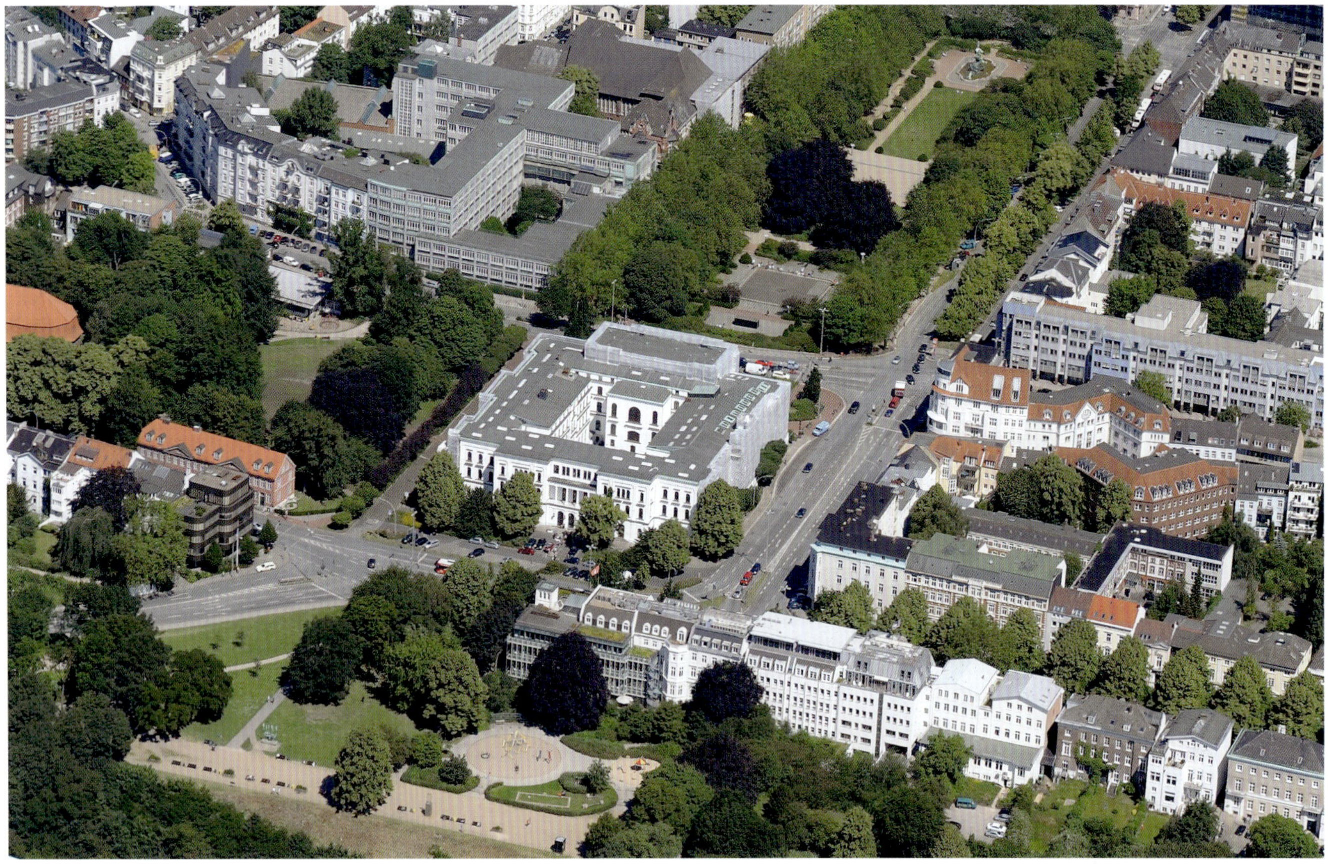

Man nimmt den riesigen Bauklotz im Quartier vielleicht gar nicht so wahr. Hier aus der Luft muss man es: Der weiße Riese im großen Foto ist das 86 Meter hohe Euler-Hermes-Gebäude. Ein Kind der 70er-Jahre von Architekt Titus Felixmüller. In den 22 Stockwerken sitzt eine Kreditversicherungsgruppe; eines der Hauptprodukte sind Hermes-Bürgschaften. Da geht der Name »Mottenburg« doch lockerer über die Zunge.

So bezeichnen viele Ottenser ihren heißgeliebten Stadtteil, der hier bis ans Elbufer reicht und zu den quirligsten der Stadt gehört. Auf knapp drei Quadratkilometern wohnen 32 000 Menschen. Vom Elbufer hoch führt der Hohenzollernring auf die Kreuzkirche und ein Stück weiter auf die querverlaufende Friedensallee. Die neugotische Kreuzkirche entstand 1898 aus rotem Backstein. Sie steht auf einer grün bewachse-

nen Verkehrsinsel etwas verloren da (kleines Foto unten). Ein im Zweiten Weltkrieg von Schäden frei gebliebener Bereich liegt in der Nähe der Kirche zwischen dem Hohenzollernring und Fischers Allee. Unten am Elbufer findet sich der Museumshafen Övelgönne, ein Teil der Neubauten in Neumühlen (wo sich bekannte Restaurants angesiedelt haben) und auf der Südseite der Elbe der Athabaskakai mit einem roten Containerschiff davor. Das auffällige Gebäude mit der Glaskuppel rechts neben dem Museumshafen ist ein ehemaliges Kühlhaus, das von GMP Architekten zu einer exklusiven Seniorenresidenz umgebaut wurde. Regiert wird Mottenburg vom Altonaer Rathaus, einem weißen, schlossartigen Bau, der am Kopf der Max-Brauer-Allee (kleines Foto oben) steht.

Kann doch richtig fein aussehen – unser Hamburg. Wie hier am östlichen Rand des Bezirks Altona mit den geschlossen wirkenden Wohnvierteln, einer schmucken Kirche, Neubauten, die sich auch einschmeicheln können (linkes Foto). Da stört auch nicht ein japanlackrot angemaltes Haus (»Dock 47«, Architekten Spengler Wiescholek) am Pinnasberg 47 (rechts im Foto). Doch die Hauptattraktion hier ist platt, auch wenn es am Wochenende hoch hergeht: der Fischmarkt, ein Platz, der mit seinem Namen nur noch wenig gemein hat. Imbissbuden, Südfrüchte, Blumen, Flohmarktstände und vor allem die Marktschreier locken jeden Sonntag Tausende von Besuchern. Im Sommer ist es knallvoll und eng. Hier kann man »babylonisches Spachgewirr« finden, denn der Besuch gehört zum Programm vieler Touristen. Wer auf dem Fischmarkt nur feiern will, kann

dies in der (auch vollen) Fischauktionshalle tun, die gleich nebenan liegt. Riecht besser als jede Kaffeeröstrei – die Holstenbrauerei in Altona-Nord, die unterhalb der S-Bahn liegt (Foto rechts) und immer noch den Duft des nicht ganz fertigen Bieres verströmt. Auch wenn die Brauerei eine Carlsberg-Tochter ist, die Biere werden weiter geliebt, wie die »Astra-Knolle« auf dem nahen Kiez. Und längst laufen in der Brauerei auch die Bänder mit den PET-Flaschen, auch, weil Glasflaschen im Rotlichtbezirk verboten sind. Nur ein paar Schritte weiter gegenüber des S-Bahnhofes Holstenstraße liegt die Neue Flora, ein Musical-Theater mit 2000 Plätzen, das seit seiner Eröffnung im Jahr 1990 weit über die Grenzen Hamburgs bekannt geworden ist. Viele Besucher, die für ein paar Tage in die Stadt kommen, besuchen das Musical.

Baumreihen, hübsch sortiert zwischen Mehrfamilienhäusern, die in langen Reihen angeordnet sind, und Straßen, die sich nicht in wirren Kreuzungen treffen. Dazwischen kleine, parkähnliche Anlagen: Hier liegt Bahrenfeld mit seinen Wohngebieten und der Industrie (im Foto oben rechts). Alles macht einen halbwegs organischen Eindruck. Und dieser wird sich noch verstärken. Denn man braucht nur auf die Bildmitte zu achten: Hier werden in zwei bis drei Jahrzehnten auch große Bäume und ein kleiner Park das Auge erfreuen. Unterhalb der Bundesstraße 431, die hier Bahrenfelder Chaussee heißt, liegt der Otto von Bahrenpark auf dem Gaswerk Areal. In ehemaligen Bauten und neuen Gebäuden entstanden Wohnungen, Gewerberäume, Büros und Gaststätten. Das Ensemble mit dem alten Verwaltungsgebäude, dem Uhrenhaus, Gleisen, dem Kohleturm und anderen historisch

wertvollen Bauten wurde 1996 in die Denkmalliste eingetragen und zählt neben der Speicherstadt zu den größten zusammenhängenden Arealen dieser Art. Anfang der 90er-Jahre des vergangenen Jahrhunderts fanden auch Architekten und Investoren an dem Gelände Interesse. Zuvor waren es »nur« die Künstler gewesen, die das urige Areal schon in der 60er-Jahren entdeckten. Der Otto von Bahrenpark ist erfolgreich; Immobilienfachleute stellen fest, was auch im Falkenried- oder anderen Quartieren gilt: Quartiervermietung ist einfacher als Einzelobjektvermietung. Auch Design lässt sich hier besser vermarkten: Eine entsprechende Messe kam ins Gastwerkhotel im Otto von Bahrenpark. Der Name leitet sich von einem Ritter namens Otto von Bahren ab, der einst hier Ländereinen besessen haben soll.

Bahrenfeld an der Autobahn 7, hier mit vielen langen Mehrfamilienhäusern und der Bahrenfelder Chaussee, die mit einer Brücke (im Foto unten) über die Autobahntrasse führt. Oben im Foto geht die Lutherhöhe mit einer Brücke über die A 7. An den Reformator Martin Luther wird hier häufig erinnert: Oben ist der Lutherpark mit der Lutherkirche. In der Nähe liegen die Wittenbergstraße und der Luthergrund. Östlich des Lutherparks findet sich der Friedhof Holstenkamp und darunter als kleines Dreieck der Jüdische Friedhof (mit einem Stück der Schnackenburgallee mit dem breit angelegten Industriegebiet oben). Die Autobahn (wir sehen einen beginnenden Stau »in Richtung Elbtunnel«), die ja etwas weiter südlich unter einem Deckel verschwinden soll, bildet zwischen den Quartieren eine starke Trennung. Hier findet sich einer der

größten Einschnitte in alte Viertel Hamburgs. Oberhalb des Friedhofes Holstenkamp und des Lutherparks ziehen sich Kleingärten bis an den Rand des Altonaer Volksparks, von dem hier die südlichen Zipfel zu erkennen sind. Der berühmte Autobahndeckel wird finanziert mit dem Verkauf von Bahrenfelder Grund und Boden. 2009 wurde das Aus für die alte Bahrenfelder Trabrennbahn (und der Bau einer neuen Doppelrennbahn in Horn) beschlossen: Das 15 Hektar große Gelände soll verkauft (und mit Wohnungen bebaut) werden. Mit dem Erlös soll auch der Autobahndeckel bezahlt werden. Das Projekt ist ehrgeizig: Der Deckel soll nicht nur Ruhe für die Anwohner bringen, sondern auch klimafreundlich wirken. Die Umwelt- und Baubehörde plant, die Abgase des dichten Autoverkehrs mit verschiedenen Methoden zu filtern.

DIE STADT ÖSTLICH DER ALSTER

Kanäle und Wasserläufe mit wunderschönen Teichen ziehen sich in die Stadtteile, die im Osten der Alster liegen. Hier am Wasser befinden sich nicht nur die über die Grenzen Hamburgs hinaus bekannten Treffpunkte hanseatischer Freizeitgestaltung, wie auf diesem Foto der Bootstreff Bobby Reich, sondern auch schicke Wohnquartiere. Von Hohenfelde, Eilbek über die Uhlenhorst und über Winterhude bis nach Barmbek breiten sich Wohngebiete aus, die alle jüngst mit unterschiedlichen Wohnprojekten aufgewertet wurden. So verschwindet das Grau aus ehemaligen Arbeiterstadtteilen; andere ehemalige Arbeitersiedlungen sind heute auf dem Wohnungsmarkt heiß begehrt. Bestes Beispiel ist die Jarrestadt in Barmbek.

Die großen Dinge zeigen sich im Kleinen. Wie hier ganz links der winzige rote Fleck: ein Alsterdampfer auf dem Weg nach Barmbek über den Osterbekkanal – die schönste Art, sich mit öffentlichen Verkehrsmitteln in Hamburg zu bewegen und die östlichen Stadtteile über Kanäle und Flussläufe zu entdecken. Es sei denn, man hat, wie hier, den Überblick aus der Vogelperspektive. So wird klar, warum die Uferstaße nur »Schöne Aussicht« heißen kann. Wer hier am Ufer jemals einen Sonnenaufgang erlebt hat und sieht, wie die Alstersilhouette – klein und fein und weit weg – langsam aus dem Dunkel auftaucht, weiß, dass man nur in Hamburg frei atmen kann. Hier am Feenteich steht dann auch folgerichtig am Kopf des Teiches das Gästehaus des Senates, in dem unter anderem die englische Königin Elisabeth Gast war. Der Teich grenzt an eine der Top-Wohnlagen Hamburgs, ein

Penthouse kostet monatlich 8000 Euro Miete. Die Straßen verlaufen hier auf der Uhlenhorst fast parallel zum Ufer; wie die Herbert-Weichmann-Straße, die, von Süden kommend, über die Langenzugbrücke geht und dann Sierichstraße heißt. Die Sierichstraße ist Hamburgs bekannteste Einbahnstraße, weil hier die Fahrtrichtung tageszeitabhängig wechselt. Die Uhlenhorster Stadthäuser haben den Zweiten Weltkrieg weitgehend unbeschadet überstanden und zeigen, wie der ehemalige Vorort Hamburgs Ende des 19. Jahrhunderts ausgesehen hat. Denn das Viertel war von Anfang an als exklusiv geplant worden. Ein Opfer des Krieges wurde jedoch das ehemals beliebte Uhlenhorster Fährhaus. Nach der Zerstörung wurde es nicht wieder aufgebaut. Heute steht hier (an der Einmündung des Osterbekkanals) das Klubhaus des Norddeutschen Regatta-Vereins (NRV).

Hier liegen die feinsten Adressen der Stadt: Am Rondeelteich (links im Foto) und dort, wo der Osterbekkanal in die Außenalster mündet. Langer Zug heißen die Mündung und auch die Brücke dort. Die Brücke wird nördlich zur Sierichstraße. Die Sierichstraße wurde 1863 nach dem ehemaligen Eigentümer des dortigen Geländes, Adolf Sierich, benannt. Damals konnten Straßen den Namen der Grundeigentümer, die diese anlegten, bekommen. Mitte des 19. Jahrhunderts erbte Sierich Ländereien und kaufte den gesamten Westen des Dorfes Winterhude dazu. Später schuf er die noch heute erkennbaren Strukturen des Stadtteils. Am nördlichen Ufer des Langen Zuges verläuft die Bellevue – die nördliche Variante der Straße Schöne Aussicht. Wer an der Bellevue nach Norden paddelt, kann sogar über den Rondeelteichkanal zum

Rondeelteich kommen und die schönen Häuser bestaunen, die man von der Straßenseite nicht so gut sieht. Hier endet dann allerdings eine der beliebtesten Paddeltouren der Außenalster. Der Teich ist ein kleiner Nebenarm der Alster, der Mitte des 19. Jahrhunderts bei den Bauarbeiten zu den umliegenden Kanälen entstand. Die feinen Adressen gehen weiter: rechts der Krugkoppelbrücke liegt (am windgeschützten Nordteil der Außenalster) Bobby Reich, ein Restaurant und Bootssteg. Vor allem aber ein Treffpunkt, den viele Hamburger für den wichtigsten der Stadt halten. Besonders, wenn in Hamburg mal wieder der Sommer ausgebrochen ist. Ein Foto von sonnenbadenden Hamburgerinnen bei Bobby Reich gehört zu den Klassikern in den Medien.

Was früher möglich war, funktioniert nach dem 2009 erfolgten Umbau der U-Bahn-Gleise wieder: Man kann »Ring fahren« und sich seine prachtvolle Stadt anschauen, denn die U-Bahn fährt auch oberirdisch. Zum Beispiel durch das schöne Winterhude, das wir hier (großes Foto) zwischen den Stationen Sierichstraße ganz links und Borgweg (rechts) viel besser aus der Luft sehen. Die mit Bäumen gesäumte U-Bahn-Linie verläuft in diesem Foto leicht diagonal in der Mitte. Ganz links liegt noch der Leinpfadkanal mit seinen schönen alten Stadthäusern und den dazugehörenden langen Grundstücken. Über die erste Brücke unten im Foto führt die Klärchenstraße in einen der Verkehrsknoten an der Grenzen von Uhlenhorst zu Winterhude: An diesem Straßenstern treffen die Sierichstraße, die Maria-Louisen-Straße und (ein Stück versetzt) die Cäcilienstraße aufeinander. Sie mündet

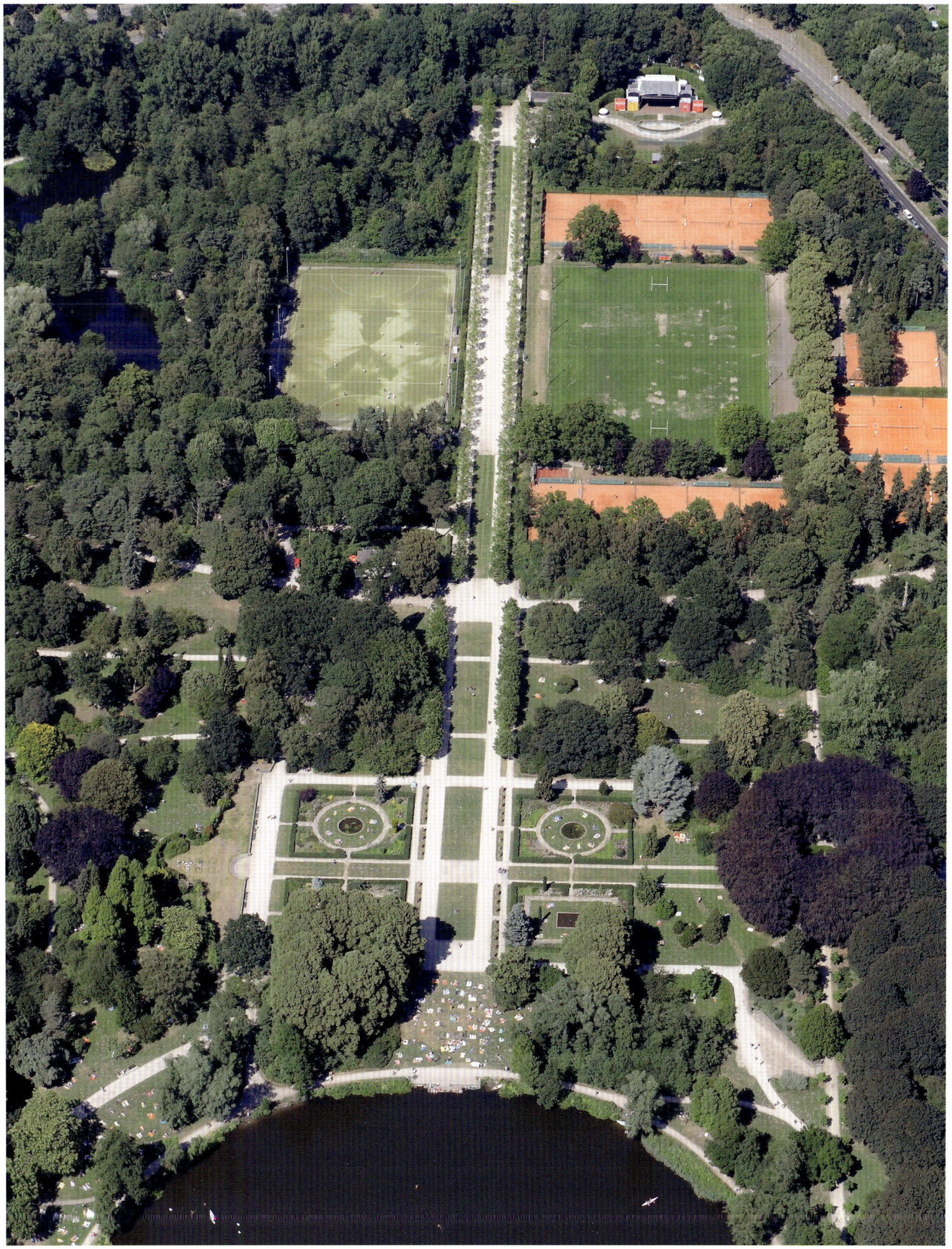

in die Kreuzung Dorotheenstraße/Poßmoorweg, wo ein interessantes Bürogebäude, entworfen von Hadi Teherani, u. a. den Jahreszeiten-Verlag beheimatet. Lange Mehrfamilienhäuser kennzeichnen die dann folgenden Wohngebiete. Der Ortskern von Winterhude ist auf diesem Foto links zu finden, der Winterhuder Markt mitten in einem rund anmutenden Gebiet weißer Häuser – ein Viertel, das aus der Luft wie eine eigene kleine Stadt wirkt. Ganz oben liegt der Stadtpark mit seinem markanten, weithin sichtbaren Wasserturm, der 1930 zum Planetarium umgebaut wurde. Wie fein der Park strukturiert ist, zeigt das kleine Foto, das oberhalb des Stadtparksees in Richtung Nordosten aufgenommen wurde. Hier führt die 2002 wieder hergestellte Platanenallee an den Tennisplätzen vorbei zur Stadtparkbühne, einem der schönsten Plätze für Konzerte in Hamburg.

Im Jahr 2009 ist es hundert Jahre her, dass der geniale Baumeister Fritz Schumacher in die Dienste der Stadt trat. Seine Ideen und Spuren haben Hamburg geprägt. Und eine dieser Ideen ist besonders lebendig – der Stadtpark mit seinem Turm am Endpunkt der westlichen Hauptachse und mit der Jahnkampfbahn. Das Gartendenkmal ist der größte öffentliche Park Hamburgs. Hier treffen in der Tat Menschen aus allen Bevölkerungsschichten zusammen. Bis zu 200 000 sind es an manchem Wochenende. Hier gilt immer noch der alte Spruch: »Willst du jemand kennenlernen, kauf dir einen Hund und geh in den Stadtpark!« Auch ohne Hund geht das, und dies zeigt, dass ein hundert Jahre altes städtebauliches Konzept in einer Großstadt immer noch funktionieren kann. Der 151 Hektar große Park ist als Sonnen-, Sport-, Grill-, Konzert-, Theater- und Spazier-

wiese das beliebteste Naherholungsziel der Hamburger. 1897 bemängelte der Chef der Kunsthalle, Alfred Lichtwark, dass Erholungsflächen fehlen. Doch es dauerte bis 1909, bis Baudirektor Fritz Schumacher und Oberingenieur Fritz Sperber einen Plan vorlegten, der alles geometrisch aufteilte. Die klar gegliederten Räume mit der 1400 Meter langen Schneise als Achse sind nahezu unverändert. In den Kriegen wurden hier Kartoffeln und Gemüse angebaut. 1948 wurde aufgeforstet. Das neue Pflegeprogramm des Parks stellt die klassische Geometrie wieder in den Mittelpunkt. Klassische Astronomie soll es auch vermehrt im Planetarium geben. Es ist eines der dienstältesten »Sternentheater« weltweit. Der Durchmesser seiner imposanten Sternenkuppel beträgt 20,6 Meter. Die Umzugspläne in die HafenCity sind begraben.

Im Jahr 2009 feiert die City Nord Geburtstag. Fünfzig Jahre zuvor hatte die Stadt Bürohochhäuser an diesem Standort nördlich des Stadtparks angesiedelt (großes Foto). Die Innenstadt sollte von Hochhäusern freigehalten werden. Das ist in vielen Bereichen gelungen. Die Bürostadt, in der 30 000 Menschen arbeiten, hat sich jedoch gewandelt. Anfangs als Modellstadt der Moderne gelobt, später als Retortenviertel oder Büro-Ghetto kritisiert, weil die Trennung von Wohnen und Arbeiten nicht funktionierte. Kleinteiligkeit statt Großraumbüros ist heute gefragt. Man hat gemerkt, was fehlt, und etwa eine bundesweit beispielgebende Kindertagesstätte errichtet. Neue Solitärbauten entstanden, wie das »OvalOffice«, im Foto rechts oben an seiner Form gut zu erkennen. Hotels und Wohnungen sind dazugekommen. Die City Nord tritt sogar in Konkurrenz zur HafenCity, denn sie profitiert von zwei Umständen, die man 1959 nicht

so sehr im Blick hatte: Der leistungsfähige Flughafen ist leicht zu erreichen, und es gibt Parkplätze. Nun soll die Bürostadt auch mit der geplanten Stadtbahn zu erreichen sein. Heute liegt die S-Bahn-Station Rübenkamp (auf dem Foto rechts oben an der Hebebrandstraße) der City Nord am nächsten. Fernziel ist es, die City Nord über die lang gezogene Grünzone in der Mitte mit dem Stadtpark zu verbinden. Von Anfang an gelungen war die Jarrestadt (kleines Foto oben), in der heute 9000 Menschen leben (und viele eine Wohnung suchen). Auf dem Reißbrett entstanden, erreichte sie bald den Rang eines Baudenkmals und steht heute unter Milieuschutz. Das untere kleine Foto zeigt den oberen Teil Barmbeks, wo aus der Bramfelder Straße die Bramfelder Chaussee wird. Auffälligstes Gebäude ist die Hauptverwaltung der Techniker-Krankenkasse mit den halbkreisförmigen Fassaden. Hier stand einst Magarine-Voss.

Häuserzeilen – nicht groß, nicht klein. Baumreihen – und alles fein säuberlich gegliedert: So hat es der Barmbeker gern. Hier sind wir mitten drin »in Boambeek«. Unten neben dem Sportplatz liegt das altehrwürdige Bartholomäus-Bad mit dem leuchtend roten Dach im »Komponistenviertel« (großes Foto). Die Straßen tragen Musikernamen. Ruhe ist hier Badepflicht, Kinder haben daher keinen Zutritt, das Bad will »Kurzurlaub für die Seele« bieten. Neben dem Bad geht die Beethovenstraße nach rechts zum Biedermannplatz (ehemals Schleidenpark), einer Grünfläche, die an der Straßenkreuzung liegt. Hier befindet sich die Siedlung Schleidenhof und gegenüber die 1998 aufwendig restaurierte, dann aber 2004 geschlossene Bugenhagenkirche. Daneben beginnt schon ein Quartier, das unterschiedlich beurteilt wird: die Alstercity, ein Bürokomplex. Ein Glas- und

Stahlturm steht in der Mitte, Backsteinbauten drum herum. Anwohnerproteste hatten verhindert, dass auf dem Gelände der ehemaligen Gasanstalt eine Versicherungsgruppe baut. Der Mäzen und Großinvestor Helmut Greve errichtete den heutigen Bürokomplex an der Weidestraße. Hier finden sich auch ein Parkhaus, das Barmbeker Amtsgericht und die Zentrale des Brillenkonzerns Fielmann. Auf der anderen Seite der Weidestraße liegt das Hamburger Denkmalschutzamt. Auf dem Gelände des ehemaligen Güterbahnhofes Barmbek (kleines Foto oben) entsteht direkt neben dem Stadtpark das ehrgeizige Wohnprojekt »Park Lane«. 280 Millionen Euro sollen hier auf acht Hektar verbaut werden. Ähnlich üppig ist das Bauprojekt auf dem Gelände des Krankenhauses Barmbek (kleines Foto unten).

Der Flughafen Fuhlsbüttel dominiert das Bild von Groß-Borstel, einem Stadtteil, der hier unten und rechts neben der Landebahn 1 liegt. Ein bunt gemixtes Quartier mit Kleingärten, die direkt neben der Landebahn liegen, der riesigen Luftwerft und der Flugsicherung im Hintergrund; mit Gewerbegebieten, großen Grünflächen, einem Wald und breiten Wohnvierteln, die aus kleinen Ein- und Mehrfamilienhäusern bestehen. Groß-Borstel gehört zum Bezirk Hamburg-Nord und wird außer vom Flughafen begrenzt von Alsterdorf im Osten, von Eppendorf im Süden, von Lokstedt im Westen und von Niendorf im Nordwesten. Etwas mehr als 8000 Einwohner leben hier auf viereinhalb Quadratkilometern. Der Name leitet sich von dem altsächsichen Wort »bur-stal« (Wohnstelle) ab. Traditionsverbunden sind die Groß-Borsteler und besonders stolz auf ihr Stavenhagenhaus, das im

linken Foto in der rechten unteren Hälfte liegend kaum zu sehen ist, weil Bäume es verbergen. Der bekannte niederdeutsche Dichter Fritz Stavenhagen lebte auch in Groß-Borstel, nach ihm ist eine Straße benannt. Ein herrschaftliches Backsteinhaus wurde 1703 am Frustberg errichtet, hatte viele berühmte Gäste, wie den Feldmarschall Blücher, wurde dann in den zwanziger Jahren des vergangenen Jahrhunderts an die Stadt verkauft, steht seit 1937 unter Denkmalschutz. Als es abgerissen werden sollte, kämpften die Groß-Borsteler für den Erhalt, sodass es 1962 gerettet und wieder eingeweiht werden konnte. Gegenüber des Hauses steht das Denkmal für den Dichter; das Haus ist heute der kulturelle Mittelpunkt des Stadtteils. Nicht weit entfernt liegt das Jägerholz, ein kleiner schöner Wald mit einem Kleingartengebiet vor der Flugwerft (Foto rechts).

Ist das wahr – eine Siedlung, die aus der Luft wie Liliput wirkt, direkt neben den Riesenbauten der City Nord? Es ist wahr: Hier in Alsterdorf findet sich zwischen Hindenburg- und Sengelmannstraße, dem Heitholtkamp und der Hochbahn ein Quartier mit kleinen, schnuckeligen Einfamilienhäusern und kleinen Grund-»stückchen«. Das Auto schön vor der Tür geparkt und alles liebevoll bepflanzt. Die Gartenstadt Alsterdorf entstand zwischen 1936 und 1938. Wer hier wohnen will, braucht Geduld und Geld. Die Häuschen kosten mehr als 500 000 Euro. Die Wartelisten sind lang. Wohnungen zur Miete werden kaum frei. Auf dem rechten Foto schräg verläuft die U-Bahn-Linie mit der Station Sengelmannstraße rechts, macht dann eine Kurve bis zur Station Ohlsdorf; im Foto ist noch ein Zipfel des Ohlsdorfer Friedhofes zu sehen. Die Sengelmannstraße verläuft hinter der Als-

terbrücke nach Norden bis zum Flughafen. Fast parallel führt unten die Hindenburgstaße über den Alsterlauf. Ein kleiner Schlenker: Zwischen Sengelmann- und Hindenburgstraße zweigt von der Alster ein ganz kurzer Kanallauf ab und kommt zurück: der Brabandkanal. Beliebt bei Touren mit dem Kanu, Ruder- oder Angelboot. Es ist einer der kürzesten und schönsten Abstecher, die man vom Alsterlauf aus unternehmen kann – in einen mit überhängenden Ästen romantischen Kanal. Wie grün das Wohnen in Alsterdorf ist, zeigt das kleine Foto oben. Wir sehen darauf den Alsterlauf aus einem anderen Blickwinkel als rechts. Die quer verlaufende Straße ist die Hindenburgstraße. Das untere kleine Foto zeigt den »Polizeistern« von Alsterdorf. Hier liegt seit dem Jahr 2000 das neue Hamburger Polizeipräsidium.

Luftbilder, schräg aufgenommen, offenbaren eine Optik, die wir Erdlinge nicht gewohnt sind: die Teleoptik. Alles scheint gedrängt, zusammengezogen, aufeinandersitzend – sodass man meint, mit einem Katzensprung vom MundsburgTower im Foto unten den Stadtparksee (im Foto ganz links oben) erreichen zu können. Doch die Optik täuscht, wir sehen hier die Stadt von Eilbek/Uhlenhorst unten bis nach Bramfeld oben. Gut zu erkennen ist oben das lange, grüne Band aus Bäumen, die die U-Bahn-Gleise säumen. Diagonal im Foto verläuft von unten nach oben die Bundesstraße 431. Unten in der Bildmitte steht die St.-Gertrud-Kirche, links darüber liegen der schöne Mundsburgbahnhof und rechts daneben das Ernst-Deutsch-Theater. Rechts der Kirche finden wir am Lerchenfeld die Hochschule für bildende Künste und dahinter die Hamburg Media School. Dann fol-

gen die Alleen der Häuserreihen von Eilbek neben dem Kanal. Im Mittelpunkt dieses Teleblicks stehen die Hochhäuser der Mundsburg, Hamburgs höchste Wohnanlagen. Zwischen 90 und etwas mehr als 100 Metern sind die Türme hoch. Einer der Türme trägt noch die Aufschrift Mundsburg. Die Türme entstanden in den 70er-Jahren des vergangenen Jahrhunderts. In dem Jahrzehnt eröffnete auch das unmittelbar dahinter gelegene Einkaufszentrum Hamburger Straße. Nach Eröffnung des Alstertal-Einkaufszentrums (AEZ) kamen jedoch weniger Kunden, Leerstand folgte. Nun krempeln die Macher des AEZ die Hamburger Straße weitgehend um. Sie wollen zum Beispiel dem Parkproblem mit 2600 Stellpätzen begegnen. Mehr als 100 Millionen Euro haben sie für den Umbau veranschlagt.

Ja, es gibt für den Uhlenhorster neben Rudern und Segeln auf der Alster noch einen weiteren »englischen« Sport, der zudem traditionell sich in Weiß – wie der ganze Stadtteil – kleidet: Tennis! Zu erkennen an den roten Spielfeldern in der Mitte des Fotos, wo die Heinrich-Hertz-Straße auf den Hofweg trifft. Das ist die Heimat des Klipper THC, eines der renommiertesten Tennis- und Hockeyclubs in Deutschland mit 1600 Mitgliedern. Sportlich mit Deutschen-, Europa- und Weltmeistern erfolgreich, geht es auch um die Pflege (und das Knüpfen neuer) gesellschaftlicher Kontakte. Schließlich besuchen jedes Jahr 30 000 Gäste das THC-Gelände. Der Hofweg ist eine der zentralen Achsen auf der Uhlenhorst und gehört zu den Straßen, die gern von Maklern mit dem »höheren Wohnwert« betitelt werden. Unten sehen wir einen Teil der Außenalster; hier liegt die Uferstraße Schöne Aussicht. Ein beliebter Weg bei Spaziergängern,

Hobbyfotografen, Hundeausführern, Walkern und natürlich den Joggern. Die Schöne Aussicht trifft unten auf die Herbert-Weichmann-Staße und den Uhlenhorster Weg, der (hier im Foto rechts) weiter bis zum Mundsburger Damm führt. Dann sehen wir noch ganz unten einen Teil der Straße mit dem schönen Namen Schwanenwik. Das schöne Wort ist nach dem Lieblingsplatz der Alsterschwäne benannt. Wik steht für Bucht und Ufer. Und hier an der Hausnummer 38 (im Foto unten in der Mitte) findet sich 1886 erbaute das Literaturhaus, ein ehemaliges Mädchenheim, das (umgebaut von der Zeit-Stiftung und der Stadt Hamburg) der »Förderung des literarischen Lebens« dient und zur wichtigen Adresse der Stadt wurde. Besonders schön ist es auch am Feenteich (oben links im Foto). Hier steht am Südufer gleich hinter der Brücke das Gästehaus des Senates, das 1868 von dem Architekten Martin Haller gebaut wurde.

Hohenfelde ist ein kleiner Stadtteil zwischen St. Georg im Süden und der Uhlenhorst im Norden, etwas mehr als ein Quadratkilometer groß, mit 9000 Einwohnern (großes Foto). Im Norden und oben im Foto findet sich der Kühmühlenteich, der den Wasserlauf des Eilbekkanals über den Mundsburger Kanal unter der Schwanenwikbrücke in die Außenalster führt. Vom Kuhmühlenteich verläuft die Straße Mühlendamm südlich auf einen der großen Verkehrsknotenpunkte Hamburgs: Ein halbes Dutzend Straßen werden dort zusammengeführt und gehen in den Heidenkampsweg Richtung Autobahn. Die Straße Sechslingspforte verbindet diese Kreuzung mit dem Schwanenwik. Hier liegt die Alsterschwimmhalle, die mit ihrem futuristischen Dach aus der Luft wie ein Drachen aussieht. Vom Boden aus betrachtet, erinnert das Dach an einen Flügel, das Bad wird auch »Schwimmoper« genannt. In

den 70er-Jahren des vergangenen Jahrhunderts erbaut, wurde die Halle mehrfach umgerüstet, zuletzt im Jahr 2007 modernisiert. Sie ist als Wettkampfstätte errichtet worden und soll auch weiter so genutzt werden. Als einziges Schwimmbad Hamburgs bietet sie »Aqua-Fitness« mit einem »Trocken-Fitnessstudio« und einem speziellen Kursprogramm. Direkt an der Kreuzung steht auch ein 60 Meter großer Hochhausbau, der als Bürohaus zwischenzeitlich das Schicksal vieler seiner Artgenossen erlitten hat: Leerstand. Bis zum Ende des Jahre 2005 war hier die Zentrale des Philips-Konzerns, der jedoch umzog. 2009 ist das Gebäude (von den Architekten KSP Engel Zimmermann entworfen) wieder komplett belegt. Ein Supermarkt, die DAK, der Hamburger Verkehrsverbund und die HAW, die Hochschule für Angewandte Wissenschaften, sind dort eingezogen.

DER WESTEN: DIE ELBVORORTE

Das ewige Auf und Ab von Ebbe und Flut am großen Strom, die ziehenden Schiffe und die Weite des Himmels – das macht den Reiz der Elbvororte aus. Fernweh, das jeden Hamburger beim Anblick der Schiffe ereilt, lässt sich hier aushalten. Blankenese, Nienstedten, Klein Flottbek – das waren einst Adressen von Hamburgern, die als Kaufleute oder Reeder zu Wohlstand gekommen waren und sich weitläufige Landsitze außerhalb der Stadt gönnten. Nach Jahrhunderten sind Villenviertel entstanden wie das berühmte Treppenviertel in Blankenese (Foto). Etliche der Parks in den ehemaligen Landsitzen wurden der Allgemeinheit geöffnet und sind beliebte Anlaufpunkte für einen Spaziergang oder einen Nachmittag im Grünen.

Klar zu erkennen in der Mitte des Fotos: Das ist die Strandperle in Övelgönne. Und man muss eigentlich mal wieder hin! Hier am Elbstrand liegt einer der wichtigsten Freizeittreffpunkte der ganzen Stadt. Hamburg ist sowieso eine Perle, und diese hier stellt für viele Hamburger den einzig wahren Beach Club dar. In der Mitte des Fotos sieht man etwas versteckt liegend die Elbchaussee parallel zur Uferkante. Genauso verläuft die Straße Övelgönne, die eine einzige Häuserzeile am Fuße des Elbgeesthanges darstellt. Das ist die ehemalige Fischer- und Lotsensiedlung mit den Vorgärten. Hier lohnt es sich zu schlendern. Die Pinneberger hatten hier lange das Sagen, denn im 16. und 17. Jahrhundert gehörte die Siedlung Övelgönne zu ihrer Herrschaft. Womit wir beim Namen sind. Die Herkunft des Namens konnte zwar nie genau geklärt werden, lässt aber wegen

der Historie und der Grenzlage Vermutungen zu, wie: Övelgönne (»übel gönnen«), denn das kann Grenzstreitigkeiten bedeuten. Eine andere Deutung geht vom plattdeutschen Wort »gönne« aus, das »das Jenseitige« (Ufer) bedeutet. Dieser Begriff könnte von den ehemaligen Bewohnern des anderseitigen Ufers oder der Elbinseln aufgebracht worden sein. Schon im 19. Jahrhundert wurde die Siedlung Övelgönne zum Ausflugsziel der Hamburger und Altonaer, die sich mit langen schwarzen Kleidern und festlichen Anzügen erholten. Zum damaligen Strandleben gehörten neben dem »Sonntagsstaat« auch Hüte und Sonnenschirme, die, ähnlich wie Regenschirme getragen, die feine blasse Haut vor (prolliger) Bräune schützten. Alte Postkarten zeigen: Der Strand war schier schwarz vor Menschen.

Alles im Überblick zeigt das linke Foto: Rechts sehen wir den großen dunklen Riegel der Asklepios-Klinik Altona; einer der medizinischen Schwerpunkte dort ist die Not- und Unfallversorgung. Links daneben sehen wir die Autobahn, die in den nördlichen Eingang des Elbtunnels führt. Am Elbufer unten in Övelgönne findet sich neben den größeren Häusern Schröders Elbpark. Einst kaufte der Bankier Johann Heinrich Schröder das Gelände von einem englischen Händler. 1953 vermachte die Familie Schröder den Park der Hansestadt mit der Maßgabe, ihn für die Öffentlichkeit zu erhalten. Darunter verläuft das Hans-Leip-Ufer. Der Schriftsteller (1893–1983) wuchs in Övelgönne auf, verfasste 1915 das Werk »Lili Marleen«, das 1938 durch Norbert Schultze vertont zu Weltruhm gelangte. Es wurde in 20 Sprachen übersetzt und als Schallplatte zwei Millionen Mal verkauft. Die Damen haben es

den Forschern angetan. Hier in Bahrenfeld liegt das Deutsche Elektronen Synchroton (DESY), dessen Name an eine Comic-Heldin erinnert. Doris, Hera und Petra heißen die Ringbeschleuniger, mit denen Elementarteilchen erforscht werden. Mithilfe elekromagnetischer Felder werden die Teilchen nahezu auf Lichtgeschwindigkeit beschleunigt und zur Kollision gebracht. DESY hat Weltbedeutung auf diesem Gebiet. Das DESY-Gelände umfasst 47 Hektar. Zur Orientierung hier die Lage von Hera, einem Beschleuniger, der über 6,3 Kilometer unter der Erde verläuft: Hera geht rechts an der Trabrennbahn Bahrenfeld vorbei, umkurvt noch das Fußballstadion und fast den gesamten Altonaer Volkspark, geht dann genau am Waldesrand auf den DESY-Gebäudekomplex zurück. Hera wurde im Sommer 2007 abgeschaltet; die Daten werden jedoch noch bis 2010 ausgewertet.

Osdorf hat zwei Spezialitäten. Das ist erstens der Botanische Garten: ein Kleinod, in das man, aus der S-Bahn kommend, hineinstolpert und es gar nicht mehr verlassen will (rechtes Foto). Das ist zweitens die Siedlung Hochkamp, die direkt westlich an den Botanischen Garten anschließt und sich zu den Elbvororten zählt – obwohl Osdorf nicht dazugehört. Nördlich des S-Bahnhofes Klein Flottbek (auf dem rechten Foto unten) wurde 1979 der Neue Botanische Garten Klein Flottbek auf einer Fläche von 25 Hektar eröffnet. Er gehört als Teil des Instituts für Allgemeine Botanik zum Fachbereich Biologie der Universität Hamburg. Für manchen Gartenfreund ein Geheimtipp, denn die Experten beraten auch Privatpersonen einmal pro Woche kostenlos. Wer den Garten durchschreitet, findet drei Hauptbereiche: erstens Pflanzen, die nach ihrem Nutzen

gegliedert sind; zweitens nach ihrem Vorkommen; drittens nach ihren Verwandtschaftsverhältnissen. Daneben sind verschiedene Gärten angelegt: Japangarten, Bauerngarten, Bibelgarten, Arzneipflanzen, ein Rosarium und etliches mehr. Der Garten hat viele Freunde und einen gleichnamigen Verein mit 1000 Mitgliedern, die zum Ausbau und zur Verschönerung beitragen. Auch Konzerte und Kunstausstellungen organisiert der Verein. Viele Freunde des Botanischen Gartens leben in der Hochkampsiedlung, die ab 1896 entstanden ist. Große Grundstücke boten sich zum Bau der Villen an. Die sogenannte Hochkamp-Klausel sollte diesen Charakter auch grundbuchmäßig sichern. Das Foto zeigt den unteren Teil der Siedlung an der Jenischstraße (im Foto schräg verlaufend) neben den Sportplätzen.

Mehrere Verkehrswege treffen hier in Iserbrook aufeinander. Quer verläuft die Bundesstraße 431, eine der Hauptverkehrsachsen von der Innenstadt in den Westen. Sülldorfer Landstraße heißt die B431 hier. Diagonal kommt mit leichtem Schwung die S-Bahn von Blankenese und geht mit einer Brücke über die B431. Die S-Bahn hat ihren Halt am Heidrehmen, dem Schnittpunkt der Trassen. Auch hier hat die günstige Verkehrsanbindung den Bau von Hochhäusern und großen Häuserblöcken begünstigt. Grünflächen liegen dazwischen. Doch die Großsiedlungen sind völlig untypisch für einen Stadtteil, der immerhin zu den Elbvororten gezählt wird. Die Großsiedlungen ziehen sich vom Heidrehmen bis fast zum Strohredder (in der unteren Bildmitte). Sonst ist der Stadtteil in weiten Teilen von Einzel-, Reihen- oder kleineren Mehrfamilienhäusern

geprägt. Eine beliebte Gegend. Und die (hochhausfreien) Neubausiedlungen propagieren gern ein »generationsübergreifendes Wohnen«. Iserbrook liegt im Ortsamtsgebiet Blankenese, ist 2,66 Quadratkilometer groß und hat mehr als 10 000 Einwohner – Anfang des 20. Jahrhunderts waren es noch weniger als 1000. Früher waren hier Äcker, Wiesen, Weide und Heideland der Gemarkungen von Dockenhuden, Osdorf und Sülldorf. Die Blankeneser Kaufmanns- und Reederfamilie der Godeffroys entwickelte das Gebiet. Sie ließ große Flächen aufforsten; es entstand 1892 das »Waldhotel Iserbrook« an einer Kreuzung. Hier siedelten sich Gasthöfe an, und ein Ortskern entstand. Nach dem Zweiten Weltkrieg wuchs die Bevölkerung rasch; seit 1951 ist Iserbrook ein eigener Stadtteil.

Sülldorf und Rissen: Grüne Oasen mit dem Duft nach Landwirtschaft – so zeigen sich die beiden Stadtteile aus der Luft (großes Foto). Unten liegt der Waldpark mit einem großen Spielplatz in einer Kiesgrube. Eine Attraktion sind auch die 23 Findlinge aus der ehemaligen Kiesgrube, die dort in einer Gruppe stehen. Zwischen dem Sülldorfer Waldpark und der Bundesstraße 431 liegen eine große Siedlung, erkennbar an den roten Dächern, und in der Nachbarschaft das Labor des Bundesamts für Seeschifffahrt und Hydrographie (BSH). Hier arbeiten die »Umwelt-Kommissare«, die zum Beispiel Ölsünder anhand von Rückständen aus dem Meer verfolgen. Das BSH ist eine Bundesoberbehörde für zentrale maritime Aufgaben im Geschäftsbereich des Bundesministeriums für Verkehr, Bau und Stadtentwicklung. Sülldorf hat gut achteinhalbtausend Einwohner und erstreckt sich über eine Fläche von 5,6 Quadrat-

kilometern. Das Gebiet auf der Geest war einst mit Heide bedeckt. Viele urgeschichtliche Funde tauchten hier auf. Nördlich der Bundesstraße 431, die hier Sülldorfer Landstraße heißt, ist das alte Bauerndorf noch zum Teil erhalten. Es liegt in den landwirtschaftlichen Nutzflächen der Sülldorfer-Rissener Feldmark. Viele Bauern haben umgesattelt und bieten »Pferdepensionen« an. Durch die Feldmark fließt die Wedeler Au. Auch im kleinen Foto sehen wir die hier das Bild prägende Bundesstraße 431 (hier: Osdorfer Landstraße), die quer verläuft. Darunter liegt das Bundeswehr-Dienstleistungszentrum Hamburg in der Reichspräsident-Ebert-Kaserne. Seit 2007 ist hier das Landeskommando Hamburg, die Schnittstelle zwischen dem militärischen und dem zivilen Verantwortungsbereich und zentraler Ansprechpartner für den Senat und die Bevölkerung.

Natürlich war jeder, der Hamburg liebt, schon hier, trotzdem ist es auch aus der Luft betrachtet einfach nur schön: Teufelsbrück heißt der Abschnitt des Elbufers im Stadtteil Klein Flottbek mit dem Jachthafen und der Landungsbrücke. Durch den Jenischpark gleich oberhalb der Brücke fließt die Flottbek. Schon früh wurden Brücken über die dortige Mündung des Baches gebaut. »Duwels Bomgarde« hieß einst das vermutlich unheimlich anmutende Gebiet, das die Schauenburger Grafen 1301 an einen Hamburger verkauft hatten. Heute sind stromauf des dortigen kleinen Hafens neue Villen entstanden. Ganz rechts im Foto sehen wir die ehemalige Villa von Peter Tamm, dem langjährigen Chef des Axel-Springer-Verlages. Im Garten stand ein (entwaffnetes) Marineboot als Blickfang. Tamm führte in der weißen Villa jahrelang das Wissenschaftliche Institut für Schiffahrts- und Marinegeschich-

te (heute in der HafenCity). Vom Wasser in den Wald: Der heute 42 Hektar große Jenischpark zählt zu den schönsten Hamburgs; der Blick vom klassizistischen Jenisch-Haus über die Lichtung auf die Elbe ist schlichtweg unbezahlbar und wird seit Jahrhunderten von Besuchern genossen. Um 1800 baute der Kaufmann, Landwirt und Philantrop Caspar Voght den Park, der 100 Jahre lang von der Familie Jenisch als großbürgerlicher Sommersitz gepflegt und später von Hamburg gekauft wurde. Teile des Parks, wie die Feuchtwiesen der Flottbek, stehen seit 1982 unter Naturschutz. Zwei weitere Parks finden sich auf dem Foto: ganz links der (nicht so bekannte) Wesselhoeftpark; östlich des Jenischparks liegt der Reemtsmapark mit der Reemtsma-Villa, die Anfang der 1930er-Jahre entstand. Sie gilt heute als das aufwendigste in der Weimarer Republik erbaute Privathaus.

Oberhalb des steilen Elbufers liegt Nienstedten im Bezirk Altona zwischen Othmarschen und Blankenese. Beide Fotos zeigen Nienstedten. Im großen Foto kommt von oben in der Bildmitte die Nienstedtener Straße. Nach Süden geht es über den Markt in die Sieberlingstraße direkt auf das Louis C. Jacob zu. Die Küche des Restaurants gehört zu den besten Norddeutschlands. Und »das Jacob« wurde 2009 weltberühmt, als das Hamburger Abendblatt über die dortige Hochzeitsfeier von Hollywoodstar Robert Redford berichtete. Etwas stiller geht es in der gleich oberhalb liegenden Kirche von Nienstedten zu. Sie ist 250 Jahre alt. Zur Einweihung komponierte Georg Philipp Telemann seine Kantate »Zerschmettert die Götzen« und leitete selbst die Aufführung. Die Kirche ist der sechste Bau auf dem Gelände; das »Kerspel Nigenstede« wurde im Jahr 1297

zum ersten Mal urkundlich erwähnt. Gut zu erkennen ist die (insgesamt achteinhalb Kilometer lange) Elbchaussee oberhalb des Jacob. Früher war es eine einfache Landstraße. 1830 bauten sie die Besitzer der dortigen Landhäuser mit einem Wegeverein zur Chaussee aus. Für den Dichter Detlev von Liliencron zur Postkutschenzeit die »schönste Straße der Welt«. Die Elbchaussee führt auch am modernen Teil von Nienstedten vorbei. Der Internationale Seegerichtshof mit seinem gerundeten Gebäude und die Neugestaltung des Geländes der Elbschloss-Brauerei fallen ins Auge (Foto rechts). Eine künstliche Anhöhe entstand nach dem Abbruch der Brauereigebäude im Jahre 1999. Mehrere Großwohnhäuser und eine Tiefgarage entstanden in der Nähe der nun denkmalgeschützen und umgebauten Neuen Mälzerei.

Von unten kommt die Blankeneser Bahnhofstraße mit der Kirche; links liegt Goßlers Park und in der Mitte das neue weiße Bahnhofsviertel von Blankenese (großes Foto). Seit 2006 entstanden helle Gebäude mit 26 000 Quadratmetern Nutzfläche für Büros, Wohnungen, Praxen, Geschäfte, Supermärkte, Bücherhalle, Seniorenwohnheim, Kundenzentrum und das Ortsamt. Ein »Stadtquartier« soll hier wachsen. Auch die 400 Parkplätze sollen dazu führen, dass sich das Zentrum von Blankenese zum Bahnhof verlagert. Im Mai 2009 wurden die Bauarbeiten offiziell mit einem Spatenstich für zwölf neue Bäume am Erik-Blumenfeld-Platz abgeschlossen. 95 Millionen Euro haben die Immobilienunternehmen ING Real Estate und Pirelli RE investiert. Der alte Bahnhof wird in den Komplex integriert und renoviert; hier sollen Geschäfte, Bistros und Büros auf repräsentativen Flächen Platz fin-

den. Das alte Gebäude war 1867 bei der Einweihung der Bahnlinie Altona–Blankenese eröffnet worden. Damals war Blankenese mit Schleswig-Holstein von Preußen annektiert worden. Von 1883 fuhr die Kleinbahn nach Wedel; seit 1954 als durchgehende S-Bahn. Ein wichtiger Standortfaktor im Stadtteil ist auch die Führungsakademie der Bundeswehr (kleines Foto). Ständig werden hier mehr als 600 bereits berufserfahrene Offiziere aus- und weitergebildet. Jeder sechste von ihnen kommt aus dem Ausland; 50 Nationen sind vertreten. Seit 1957 ist die Akademie die »Alma Mater« des künftigen Führungsnachwuchses. »Der Standort Hamburg mit seiner Solidarität und Weltoffenheit hat sich als Glücksfall für die Akademie erwiesen«, schreibt der Kommandeur der Führungsakademie der Bundeswehr, Generalmajor Robert Bergmann.

Es ist der Blick in eine andere Welt: Vorn Blankenese mit seinen Parks, seinen Villen. Alles seit Langem ganz natürlich gewachsen; ein waldiges, verwinkeltes Hügelland mit schönen Häusern, die sich in den Hang ducken, ohne das Auge zu belästigen. Und hinten die nackte Künstlichkeit. Schachtelartige Gebäude – schmucklos, ohne Charme, ohne Gesicht – auf dem künstlich geschaffenen Airbus-Gelände mit der Landebahn. Ein baumloser Fleck in der Natur, reduziert auf seine Funktion. Der Elbschiffer aus Blankenese ist Vergangenheit. Hamburg ist Luftfahrtstandort. Hier liegt der Sitz der Geschäftsführung der Airbus Deutschland GmbH und mit mehr als 11 000 Beschäftigten der größte Airbus-Standort in Deutschland. Zur Orientierung: Ganz rechts unten im Foto sehen wir das Unterfeuer Blankenese mit seinem weißen Kopf; ein Leuchtturm,

der wegen seiner schmucklosen Bauart (»Raketenabschussrampe«) von den Einwohnern bekämpft wurde. Stromauf liegt die Landungsbrücke Blankenese. Dann folgen schon Baurs Park am Jachthafen Mühlenberg und der Hirschpark. Viele Parks und Anwesen von Kaufleuten oder Reedern sind seit langen Jahren mit alten Baumbeständen gepflegt und der Öffentlichkeit zugänglich. Georg Friedrich Baur (1768–1865) führte mit seinem Bruder als »Merchant Banker« die Firma seines Urgroßvaters zu internationalem Erfolg. Seit 1939 ist sein Park öffentlich zugänglich. Ganz links unten im Foto fällt das Auge auf Goßlers Park. Dahinter – an den markanten hellen Gebäuden zu erkennen – liegt der Umbau des Blankeneser Bahnhofs, den täglich 30 000 Pendler nutzen.

Ringförmig legen sich die engen Gassen, Straßen und Wege um den Süllberg (linkes Foto) mit seinen prächtigen Gebäuden auf der Spitze, die an ein kleines Lustschloss erinnern. Als Ausflugsziel gehört der Süllberg zu den Orten, an denen ein Hamburger gewesen sein muss. 74 Meter hoch ist der Berg, die bekannteste Erhebung auf dem nördlichen Geestrücken an der Unterelbe. Auf dem Süllberg befindet sich ein Sterne-Restaurant, »Seven Seas«, mit schönen Außenflächen. Der erhebende Ausblick über die Elbe gehört zu den begehrtesten Hamburgs: Eine Villa »in gutem Zustand« kostet hier bis zu sechs Millionen Euro. Im Jahr 1060 errichtete hier der Bremer Bischof Adalbert eine Burg und Propstei. Die erste Gastronomie mit den markanten Türmchen kam 1837. In den 90er-Jahren des vergangenen Jahrhunderts kämpften die Anwohner für den Erhalt der gewohnten Silhouette.

Seit 1998 steht das historische Ensemble unter Denkmalschutz. Der Untergrund ist jedoch profan: Der Süllberg besteht – wie die gesamten Blankeneser Berge – ganz überwiegend aus Sand. Der Berg ist eine sogenannte saalezeitliche Stauchmoräne. Ein ganz anderes Pflaster stellt die Blankeneser Bahnhofstraße (kleines Foto) mit der Kirche am Markt dar. Hier ist »das Dorf« – es kann kein zweites geben, schon gar nicht an der Elbe! Man geht nicht einkaufen, man geht »ins Dorf«, um sich zu treffen, zu klönen, um den neuesten Dorfklatsch zu hören. So verwundert es auch nicht, dass eine neue Ortskernplanung (Blankenese sollte »städtischer« werden) am Widerstand einer Bürgerinitiative scheiterte. Aus dem Dorf war zu hören: »De oolen Blankeneser, de wüllt dat nich.« Anfang 2009 trug die CDU/GAL-Fraktion das Projekt zu Grabe.

Der Unterschied könnte kaum größer sein: Oben auf dem Falkenstein liegen Villen, groß wie Burgen und den Augen der Normalbürger oft verborgen hinter großen Bäumen oder Hecken. Und unten am Falkensteiner Ufer liegt das Reich der Zelt- und Wohnwagentouristen. Vom Zeltplatz Elbe Camp kommt man direkt ans Wasser, die vielen ausgetretenen Pfade zeugen davon. Man kann aber auch einfach nur am Wasser sitzen und den Anblick des Stromes genießen. Wenn die dicken Pötte oder gar die Ozeanriesen kommen, ist hier »großes Kino«. Das Zelten ist nicht gerade billig, und es empfiehlt sich zu reservieren. Zum Campingplatz kommt man über den Wittenbergener Weg und dann den Weg Falkensteiner Ufer. Der Wittenbergener Weg führt links im Foto durch das Wäldchen, das neben einer Lichtung liegt. Ganz links im Foto findet sich ein Alten- und

Pflegeheim. Oberhalb des Falkensteiner Ufers liegt der Sven-Simon-Park, der fast 55 000 Quadratmeter groß ist. 1980 gab der Verleger Axel Springer das Gelände für die Öffentlichkeit frei, um an seinen verstorbenen Sohn zu erinnern. Dieser hatte unter dem Pseudonym Sven Simon als Fotograf internationalen Erfolg. Im Park steht das Landhaus Michaelsen, dessen Architektur im Bauhaus-Stil gehalten ist und das Puppenmuseum der Galeristin Elke Dröscher beherbergt. Dieses weiße Gebäude ist in der rechten Mitte des Fotos gut zu erkennen. Die hügelige Landschaft des Waldparks Falkenstein ist ein Paradies für Spaziergänger. Man kann vom S-Bahnhof Rissen einen Bus zum Puppenmuseum nehmen. Ganz rechts im Foto sind die Villen an der Straße »Falkenstein« zu sehen.

Der Golfball ist auch hier rund – doch alles andere ist irgendwie anders: Oberhalb des Wäldchens Falkenstein in Rissen (linkes Foto) findet sich der Platz des Hamburger Golf-Clubs (HGC). Ein Meisterwerk britischer Golfplatzarchitektur, zwischen 1928 und 1930 errichtet, mit viel Heide zwischen dem Grün. Zu Beginn sollte der Meisterplatz nur 400 fortgeschrittenen Mitgliedern als »Golf-Universiät« vorbehalten sein. Später entwickelte sich Falkenstein zu einem Platz mit internationalem Ruf. Die Deutschen Senioren Meisterschaften wurden hier von 1935 bis 1999 regelmäßig ausgetragen. Und HGC-Mitglieder spielten sich in europäische Ränge. Nördlich des Golfplatzes finden sich wieder die typischen Einzelhäuser, aber auch die »modernere«, kantige Architektur mit langen Gebäudeblöcken.

Viele Straßenzüge, erkennbar an den kuscheligen Baumreihen, sind hier nach Süden ausgerichtet – auf das Naturschutzgebiet Wittenbergener Heide (rechtes Foto). Südlich der Heide liegt das Elbufer von Rissen. In diesem Teil von Rissen prägen Einzelhäuser und Villen auf üppigen Grundstücken das Bild; nur wenige Hochhäuser, wie die rotgeklinkerten am Tinsdaler Heideweg, fallen ins Auge. Wir sehen den westlichsten Stadtteil und auch das westlichste größere Wohnquartier (ein paar Kilometer weiter westlich liegt nur noch die Hamburg-Insel Neuwerk). Zur Orientierung: Rechts im Foto erkennt man die Schule Iserbarg neben dem roten Sportplatz; ganz hinten verläuft die Bundesstraße 431. Und ein bisschen versteckt liegt in der rechten oberen Bildhälfte das Gymnasium Rissen (»GyRi«).

Rissen ist Hamburgs westlichster Stadtteil und liegt an der Elbe vor dem holsteinischen Wedel. Die Bundesstraße 431, hier die Sülldorfer Landstraße, durchschneidet den Stadtteil tief von West nach Ost. Der Hauptverkehrsweg erinnert mit seinem vierspurigen Ausbau an eine Autobahn – und den Autofahrer mit etlichen »Starenkästen« an die unterschiedlichen Geschwindigkeitsbegrenzungen. Im Süden liegen das Einkaufsviertel von Rissen und Gewerbe. Nördlich der B 431 steht das Asklepios Westklinikum (im Foto rechts unten). Darüber breitet sich der Klövensteen aus. Zu den dortigen Attraktionen zählen das Wildgehege und die Moorflächen, wie das Schnaakenmoor. Den Wald haben ehemalige Eigentümer pflanzen lassen. Im ganzen Stadtteil leben heute mehr als 14 000 Einwohner auf gut 16 Quadratkilometern.

Ein bisschen sieht es aus der Luft schon wie ein Blick in die dunkle Vergangenheit germanischer Götter und Sitten aus – das Osterfeuer am Elbstrand von Wedel (rechtes Foto). Hunderte haben sich direkt um den hellen Gluthaufen versammelt. Noch mehr Menschen sitzen oder stehen an ihren eigenen kleinen Osterfeuern und natürlich bei den Zelten, wo es den passenden Ostertrunk gibt. Bis in die Morgenstunden locken die traditionellen Feuerberge jedes Jahr mehr als 100 000 Menschen an die Elbe, um mit dem alten Brauch den Winter zu verjagen. Die meisten Besucher der Osterfeuer genießen die andächtige Stimmung oder verabreden sich mit Freunden. Hamburg lässt sich die Sitte einiges kosten: Am Ostersonntag rücken die Männer des Hafenamtes an, um sauberzumachen. Diese Arbeiten kosten jährlich 100 000 Euro.

DER NORDWESTEN: VOLKSPARK UND FLUGHAFEN

Der Westen hat sich prächtig aufgemöbelt: Das neue Stadion im Volkspark wird beliebter und erweitert. Der neue Flughafen hat endlich seinen S-Bahn-Anschluss. Das Elbe Einkaufszentrum wird ausgebaut. Und die Autobahn soll schließlich ihren Deckel bekommen. Der Stadtrand mit den Wohnvierteln von Stellingen, Schnelsen, Eidelstedt, Niendorf und Lurup ist durchzogen von Industrie und Gewerbegebieten. Viele freie »Sahnestücke« sind oder werden bebaut, wie die schicke Wohnsiedlung am Tierpark Hagenbeck oder die neue Internationale Schule nördlich des Botanischen Gartens. Doch auch hier liegt die Zukunft in den Verkehrswegen. Für die Bewohner zählen Fragen wie: Wird der Bahnhof Altona verlegt? Wie lange bleibt das Autobahndreieck Nordwest noch eine Staufalle?

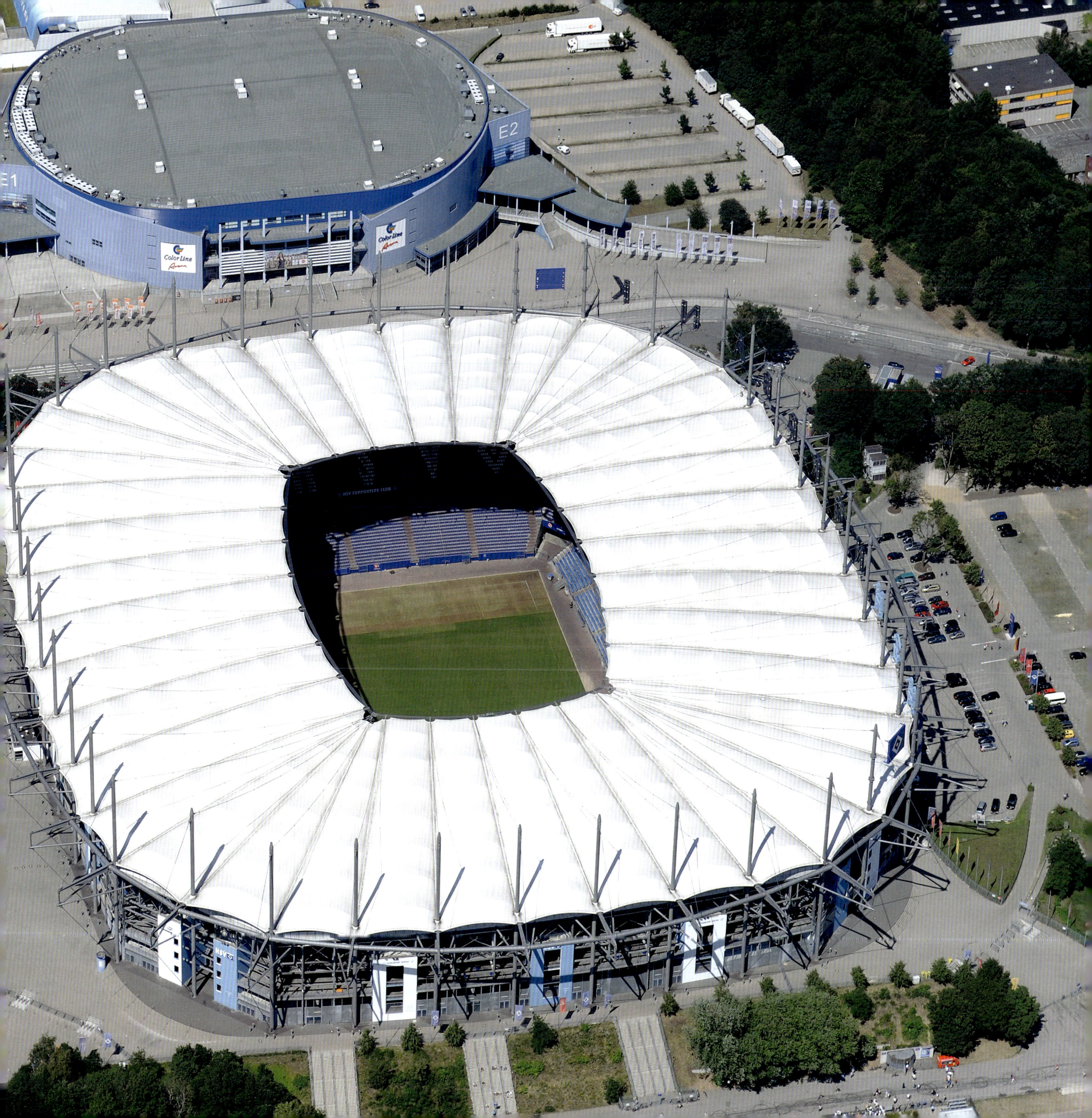
E2
E1
Color Line
Color Line

Sieht aus der Luft wie ein Loch in der Landschaft aus – doch bei dem Anblick geht jedem Hamburger (der nicht nach St. Pauli schielt) das Herz auf: das Stadion im Altonaer Volkspark, dahinter die Color Line Arena. Hier trägt der HSV seit Einführung der Bundesliga 1963 seine Heimspiele aus. 57 000 Zuschauer fasst die Arena. 1998 neu gebaut, wird schon wieder umgebaut: Neue Plätze entstehen, so zum Beispiel ein VIP-Bereich mit 17 Logen. Es boomt: Der Verein muss immer häufiger vor seinen Spielen melden: Wir sind ausverkauft. Heute gilt es als Fünf-Sterne-Stadion, von der Europäischen Fußball Union (Uefa) wurde es in die höchste Kategorie gestuft. 1919 bis 1921 wurde das Volksparkstadion errichtet. Ab 2001 hieß es AOL-Arena. Zur Fußball-WM Fifa WM-Stadion Hamburg und jetzt HSH Nordbank Arena. Ab 2010 wird es

Imtech Arena heißen. Die Bezeichnung bei Europapokalspielen: Arena Hamburg. Die Color Line Arena (Baukosten 83 Millionen Euro) wurde 2002 eröffnet. Maximale Kapazität: 16 000 Sitzplätze, bei Handball und Eishockey 13 000. Es werden auch Boxweltmeisterschaftskämpfe und Motocross ausgetragen. Fast 100 internationale Künstler wie Tom Jones, Santana oder Mariah Carey sind hier schon aufgetreten. Es geht im Volkspark aber mitunter auch besinnlich zu. Der Star im Wald ist der Dahliengarten von 1920, Europas ältester noch bestehender Garten dieser Art (im Foto das Oval links unten). Er ist anderthalb Hektar groß und führt 628 Dahlien-Sorten. Der gesamte Volkspark umfasst heute 153 Hektar und ist ein Waldpark. 1913, zum 25-jährigen Regierungsjubiläum von Kaiser Wilhelm II., hat man den Bau beschlossen.

Sieht gemütlich aus, der Stadtteil Lurup gleich östlich der Landesgrenze zu Schleswig-Holstein (großes Foto). Hier fährt keine U-Bahn, keine S-Bahn. Allerdings ist das Busnetz recht gut ausgebaut – und funktioniert auch abends noch. Wir sehen rechts die große Verkehrsachse der Elbgaustraße und ganz hinten den gleichnamigen Bahnhof. Hier verlaufen viele Gleise; hier liegt der Hauptgüterbahnhof Eidelstedt, hier ist das ICE-Betriebswerk (mit dem silbernen Dach), und hier fährt die S-Bahn nach Pinneberg. Rechts im Foto liegt die Hochhaussiedlung am Lüdersring; darunter verläuft der Farnholzweg. Ganz links findet sich vor den beiden Hochhäusern ein Regenrückhaltebecken, daneben verläuft die Jevenstedter Straße. Und zwischen dieser und der Elbgaustraße liegt wie ein gleichmäßig geflochtener Teppich die Siedlung mit Einfamilien-

häusern. Ganz oben links sehen wir noch die Hochhäuser an der Randowstraße. Lurup ist etwas mehr als sechs Quadratkilometer groß und hat 33 000 Einwohner. Nach dem Zweiten Weltkrieg prägten noch Schrebergärten und Gartenbau das Bild. Der Begriff vom »Fischkistendorf« kam auf – wegen der einfachen Schreberhäuser. Heute findet man den Begriff nur noch in Chroniken. Nach 1943 entstanden in den Kleingärten Behelfsheime, später Eigenheime, Schulen und Kindergärten. Im rechten Foto sehen wir das Strickmuster kleiner Häuser, durchbrochen von langen Mehrfamilienhäusern. Rechts unten verläuft schräg im Foto der Rugenbarg, die Verlängerung der Elbgaustraße. Oben im Foto verläuft bei den weißen höheren Häusern die Luruper Hauptstraße.

Osdorf – das ist nicht nur das Elbe-Einkaufszentrum und die Mega-Siedlung Osdorfer Born. In Osdorf zeigt sich eine ungewöhnliche Vielfalt unterschiedlichster Siedlungsstrukturen (großes Foto). Hier gibt es Kleingärten, Wiesen, Reihenhaussiedlungen, villenartige Gebäude und auch Hochhäuser. Bestimmend ist die Bundesstraße 431, die hier Osdorfer Landstraße heißt. Sie verläuft in der Mitte des großen Fotos leicht schräg. Der graue Riesenkörper darunter, das ist tatsächlich das Einkaufszentrum; und die Kräne zeigen: Es tut sich was. Bis 2010 wird für 100 Millionen Euro umgebaut; Platz ist dann für 170 Geschäfte mit einer Verkaufsfläche von 43 000 Quadratmetern. Im Jahr 2010 soll auch Hamburgs teuerste Schule fertig sein. Die internationale Schule entsteht zurzeit am Hemmingstedter Weg, genau nördlich des Botanischen Gartens,

im Foto links zu sehen. 700 Schüler sollen in dem 25 Millionen Euro teuren Neubau auf der 40 000 Quadratmeter großen Fläche Platz finden. Der Senat hat das exklusive Grundstück unterhalb des Ziegeleiteiches zur Verfügung gestellt, weil die Schule als »Symbol der Weltläufigkeit unserer Stadt« anzusehen ist. An der Schule wird auf Englisch unterrichtet; das Schulgeld liegt zwischen 8500 und 16 600 Euro pro Jahr. Bis 1970 entstand die Riesensiedlung Osdorfer Born (kleines Foto unten) auf einem damals freien Feld. 13 000 Bewohner zogen innerhalb von nur drei Jahren ein, und wie in anderen Hamburger Großsiedlungen kam und kommt es zu sozialen Spannungen. Anders sieht es dagegen in der Villensiedlung aus, die unterhalb der Kreuzung B 431/Rugenfeld liegt (kleines Foto oben).

Es wirkt aus der Luft, als wäre es von den Verkehrswegen zerhackstückt: Eidelstedt südlich des Autobahnkreuzes. Und der immer dichter werdende Verkehr drängt in den Stadtteil (großes Foto). Rechts im Bild kommt von rechts unten die Autobahn 7, geht dann nach Norden. Nach Westen zweigt die A 23 ab und hat dort die Ausfahrt Eidelstedt. Nun ist in diesem Foto gut zu erkennen, wie der Ausweichverkehr Eidelstedt heimsuchen kann, wenn die Autobahnen mal wieder dicht sind. Von Norden auf der A 23 kommend, nehmen viele die Ausfahrt Eidelstedt, »wursteln« sich durch Wohngebiete, wie die Straße Pflugacker, und fahren dann über die Kieler Straße wieder auf die Autobahn. Und die Kieler Straße entwickelt sich bei Stau ebenfalls zum »Schleichweg« für alle, die, von Süden kommend, bei Stellingen rausfahren. Mit den Navigationsgeräten sind diese Wege auch für

Unkundige kein Problem. Noch einfacher ist es, wenn die Kieler Straße ebenfalls dicht ist: Dann braucht man nur den Stoßstangen zu folgen. Auch gut zu sehen: Die Fläche nördlich im Spalt der Autobahnen, die Begehrlichkeiten für große Bauprojekte (ein Möbelhaus) weckt. Das würde weiteren Verkehr anziehen. Zur Orientierung: Unten links sehen wir das Eidelstedter Zentrum mit dem 1985 eröffneten Einkaufszentrum. Zwischen den Bahngleisen und der Holsteiner Chaussee liegen Einkaufsmärkte. Die kleinen Fotos zeigen das Eidelstedter Wohnbegebiet mit den »bäuerlichen« Wegen: Hier finden wir Pflug-, Wild-, Grenz- und andere Ackerwege. Das obere Foto zeigt das Wohngebiet, das sich westlich an die Bahnlinie anschließt. Das untere schließt sich im Nordwesten an; hier führt die Halstenbeker Straße über die A 23.

Ganz im Nordosten der Hansestadt liegt an der Grenze zu Schleswig-Holstein Schnelsen (Foto links) zwischen den Autobahnen 23 (unten) und 7 (rechts). Wir sehen große Wohngebiete mit Einzel- und Mehrfamilienhäusern und auch Großsiedlungen, die nach dem Zweiten Weltkrieg entstanden. Unter der A 23 geht (rechts unten im Foto) die Bundesstraße 4 als Holsteiner Chaussee an einem Gartencenter vorbei. Auf die dortige Fläche am Lüttendeel haben Investoren ein Auge geworfen. Links neben der B 4 führen die Gleise ins Zentrum von Schnelsen. Hinter den Sportplatz liegt die Julius-Leber-Schule, dann in der Mitte der große Rotklinkerbau des Albertinen-Krankenhauses, das zu den großen diakonischen Gesundheitsdienstleistern der Stadt gehört. Fehlt der Hinweis auf ein Möbelhaus, an der Autobahn 7: Ikea sieht man im oberen rechten Drittel an der Ausfahrt Schnelsen-

Nord. Die Mitte von Niendorf bildet das Tibarg Center (rechtes Foto). Das eigentliche Zentrum ist jedoch der Niendorfer Marktplatz. Von unten kommt die Kollaustraße; nach links geht es über die Friedrich-Ebert-Straße zur Autobahn 7; rechts führt der Garstedter Weg in seiner Verlängerung zum Flughafen. Unten links beginnt das Niendorfer Gehege, ein bei allen Hamburgern beliebtes Waldgebiet mit einem Wildgehege. Hier, zum Marktplatz hin, steht die Niendorfer Marktkirche mit dem achteckigen Dach, die einem Ideal entspricht, das man sich im 18. Jahrhundert vom evangelischen Kirchenbau machte. Die Barockkirche von 1770 ist mit einem Taufengel ausgestattet. Nach Norden führt vom Marktplatz die Fußgängerzone Tibarg auf das Einkaufszentrum mit mehr als 50 Fachgeschäften. Rechts des Garstedter Wegs liegt das Modeunternehmen Tom Tailor.

Auch im blassen Sonnenlicht macht der Flughafen Fuhlsbüttel einen schicken Eindruck (großes Foto). Wir blicken hier aus Norden auf die Anlagen. Über die Brücke links im Foto kommt die Flughafenstraße. Darunter liegen die Fahrspuren der Bundesstraße 433, die man, von der Autobahn 7 kommend, über einen Tunnel erreicht. Das flache, von Bäumen umstandene Gebäude ist der Parkplatz »P1«. Dahinter liegt das runde Gebäude der Parkfläche »P2«. Dann folgt (wieder rund) das Flughafenhotel »Radisson Blu«, das im Herbst 2009 mit 266 Zimmern als »First-Class-Haus« eröffnet. Hinter dem Hotel liegt das offene Parkdeck, wo man mit Glück einen Platz findet. Auf dem Foto sehen wir vorn den »Terminal Tango«, eine »Location« für »Corporate Events«. Auf Deutsch: eine 6000 Quadratmeter große Halle für 2500 Gäste, die zum

Beispiel ihrer Betriebsfeier eine besondere Atmosphäre geben möchten. Messen und Konzerte gibt es dort auch. Der Flughafen will weiter investieren; auch wenn die Zahl der Passagiere im ersten Quartal 2009 um rund zehn Prozent gesunken ist (nachdem 2008 ein Rekord mit 13 Millionen Gästen erreicht wurde). Umgeben ist der Flughafen Fuhlsbüttel von vielen Siedlungen, wie zum Beispiel neben der Start- und Landebahn 1 in Niendorf (kleines Foto oben). Im großen Gebäude vorn ist das Modeunternehmen Tom Tailor untergebracht. Dahinter sehen wir Kleingartengebiete und ganz hinten das Ohemoor. Ein ausgedehntes Kleingartengebiet findet sich im Dreieck von Landebahn 1 und 2 (kleines Foto unten) am Burgunderweg. Links davon liegt die Siedlung am Rahweg.

Ein geheimnisvolles, goldenes Leuchten in schwarzer Nacht, wie aus einer Flippermaschine – so mag der erste Eindruck dieses Fotos sein. Wir sehen den Hamburger Flughafen in der Dunkelheit. Ein Bild, auf das unser Fotograf Matthias Friedel zu Recht stolz ist. Denn: Auch wenn erst die moderne Digitaltechnik dieses Bild ermöglicht, braucht man doch eine ruhige Hand und ein sicheres Auge. Friedel fotografiert mit handelsüblichem Profigerät, einer Nikon D3X (25 Millionen Pixel). Das Foto entstand mit Blende 2,8 bei einer sechzigstel Sekunde und 3200 ASA. Als Flieger hat es ihm der Flughafen natürlich auch besonders angetan. Seit Mai 2005 ist der neue Flughafen, der so gern jetzt »Airport« genannt werden will, in Betrieb. Den neuen Terminal 1 entwarf das Architekturbüro von Gerkan, Marg und Partner. Er hat eine Hallengrundfläche von 6300 Qua-

dratmetern und ist ein Drittel größer als Terminal 2. Terminal 1 ist den Linienfluggesellschaften und Ferienfliegern vorbehalten. Vorn rechts ist der runde Parkturm »P2«. Ihm gegenüber liegt Terminal 1; links daneben die »Airport-Plaza« (Sicherheitskontrolle, 40 Geschäfte für eingecheckte Fluggäste), dann folgt Terminal 2. Hier starten alle Flüge der Deutschen Lufthansa, Condor, Germanwings, Mitglieder der Star Alliance wie SAS oder LOT und deren Partner-Airlines. Trotz der neuen Bezeichnung als »Airport« fährt der Hamburger jedoch weiterhin zu seinem »Flughafen Fuhlsbüttel«. Und das gern mit der neuen S-Bahn. Täglich kommen 15 000 Fahrgäste. Im Dezember 2008 konnte die S-Bahn endlich fahren, ein Projekt, für das Hamburger Senatoren zweimal den Spatenstich ausführen mussten.

Umgeben von Gleisen, Wald, Autobahn und Friedhöfen liegt das Industriegebiet rund um die Schnackenburgallee an der Autobahnauffahrt Volkspark. Auf der anderen Seite des A7-Anschlusses steht die Müllverbrennungsanlage. Die Schnackenburgallee ist nicht nur bei HSV-Fans als Parkplatz beliebt. Einige Industriebetriebe bieten hier Mittagstische an. Bekannt wurde die Ecke Schnackenburgalle/Holstenkamp, als Sternekoch Christian Rach in einem einfachen Gemäuer sein Tafelhaus zu einem Riesenerfolg führte. 2004 zog sein Tafelhaus allerdings nach 15 Jahren nach Neumühlen. Mehr als 1000 Arbeitsplätze bietet der NDR auf dem Gelände mit den 1999 eröffneten Bauten am Hugh-Greene-Weg, der von der Julius-Vosseler-Straße abgeht. Das Ensemble wirkt wie eine kleine Stadt in Lokstedt. Als Lokstedter Postbote brachte es einst Walter Spahrbier in TV-Shows zu

Ruhm. Er trat mit hölzerner Würde zum Beispiel bei Peter Frankenfeld auf. 2007 war es so weit: Ein 50-Millionen-Euro-Projekt in unmittelbarer Nähe des Eingangs von Hagenbeck wurde fertig. 15 villenartige Gebäude auf einem 20 000 Quadratmeter großen Grundstück; ein »Quartierspark«, der Werbung mit dem Tierpark (»Wohnen am Elefantenhaus«) machte. Die Miet- und Eigentumswohnungen waren schnell vergeben. Und an der Ecke Hagenbeckstraße/Koppelstraße (unten quer im Foto) entstand im Kolonialstil (Mai 2009) das Hotel Hagenbeck mit 158 Zimmern und Suiten im afrikanischen und asiatischen Look. Ein Tagungshotel, das den Tierpark als »Event-Location« mitvermarktet. Blickfang am Haupteingang des Tierparks ist die lebensgroße Statue einer Giraffe mit einem Mann am Hals.

DER NORDEN: ALSTERLAUF UND WALDDÖRFER

Wo fängt der Norden Hamburgs so richtig an? Wohl am Ohlsdorfer Friedhof, einem der schönsten Parks Europas. Auch die Stadtteile rechts und links des Alsterlaufes, wie Wellingsbüttel oder Poppenbüttel, haben einen prächtigen, grünen Charme. Hier finden sich Wohnquartiere, die allesamt eines gemeinsam haben: den Stolz, ein eigenständiges Zentrum zu besitzen. Oder sogar einen dörflichen Ortskern, der wie in den Walddörfern zum Teil Jahrhunderte alt ist. Dörfer, die mit Neubaugebieten wachsen, deren Bewohner jedoch nichts von Ihrem kämpferischen Selbstbewusstsein verlieren. Wer sich am Alsterlauf hoch in den Norden der Hansestadt begibt, trifft zudem am Stadtrand auch Viertel, die kleinen Kurorten gleichen.

Die Stadt wächst. Sie wächst zusammen, und die unterschiedlichsten Quartiere, Siedlungen und Zentren bilden neue Einheiten. So wie in Barmbek (großes Foto) das neue Krankenhaus südlich der Hebebrandstraße, die mit einer Brücke über die Gleise führt. Auf dem Gelände des alten Krankenhauses Barmbek entsteht ein für viele Menschen hoch attraktives Wohnviertel, das beste Verkehrsanbindungen und eine abgeschlossene, ruhige Lage verspricht. Östlich davon liegen ältere und große Mehrfamilienhäuser – alle umsäumt von hohen Bäumen, auf die die Bürger hier besonders stolz sind. Rechts der Gleise und der S-Bahn-Station Rübenkamp liegt eine Kleingartensiedlung, die wiederum unmittelbar an die City Nord grenzt. Die Steilshooper Allee ist eine der Hauptverkehrsstraßen, die quer zwischen Ohlsdorf und Bramfeld im Osten verlaufen. Das kleinere Foto zeigt das Gelände

der Strafvollzugsanstalt Fuhlsbüttel (»Santa Fu«) mit dem sternförmigen Hauptbau. Das Zentralgefängnis wurde 1879 nach dreijähriger Bauzeit und jahrzehntelangen Planungen eingeweiht. Bis 1969 war es das Zuchthaus »Santa Fu«. Heute ist es eine Männeranstalt für den geschlossenen Strafvollzug. Von 1933 bis 1945 kamen durch die Gefängnistore viele politische Gegner des NS-Regimes in Gefangenschaft. Das ehemalige Konzentrationslager Fuhlsbüttel (damals »Kolafu« genannt) war in der Strafanstalt untergebracht. Eine Gedenktafel erinnert heute daran. Der umgangssprachliche Begriff »Santa Fu« kam in den 70er-Jahren des vergangenen Jahrhunderts auf. Heute werden Waren, die dort hergestellt werden, von profitorientierten Firmen unter der Marke »Santa Fu« mit banal-lustig klingenden Worten (»Bleib sauber«-Seife) vertrieben.

Die weiße Linie, die sich durch das kleine Waldstück am unteren Fotorand zieht – das ist der Alsterwanderweg. Nördlich davon liegt der Stadtteil Hummelsbüttel. Der Alsterlauf bildet die Grenze. Im Westen grenzt Hummelsbüttel an Langenhorn und Fuhlsbüttel, im Norden an Norderstedt und im Osten an Poppenbüttel. Der Stadtteil ist geprägt von durchmischten Wohngebieten mit Einzelhaussiedlungen, großen Wohnblöcken und Mehrfamilienhäusern. Eine der Hauptverkehrsstraßen verläuft nördlich der Alster: die Alte Landstraße. Der waldige Bereich oben rechts im Foto ist das Raakmoor, ein Naturschutzgebiet mit einem Rückhaltebecken. Gleich links daneben liegt das große Gewerbegebiet am Lademannbogen. Hier haben viele Betriebe ihr Zuhause, auch das Autohaus Dello. Dichter und Maler haben früher das ländliche Idyll von Hummelsbüttel dargestellt, doch seit den 50er-Jahren des vergangenen

Jahrhunderts hat die Verstädterung den Stadtteil stark verändert. Früher gab es hier große Ziegeleien; die letzte stellte 1968 ihren Betrieb ein. 1965 ist das Einkaufszentrum »Langenhorner Markt« eröffnet worden. Das EKZ liegt mit 40 Ladeneinheiten und zusammen mit der U-Bahn-Station in der Ortsmitte und in der Mitte des rechten Fotos, das in Blickrichtung Westen aufgenommen wurde. Anfang der 70er-Jahre des vorigen Jahrhunderts zog mit Karstadt ein großes Warenhaus in den Stadtteil. 2004 kam gegenüber das Krohnstieg-Center mit Geschäften und einem großen Edeka dazu. Der Hauptverkehrsweg verläuft diagonal im Bild: von oben mit dem Krohnstieg beginnend, dann über den Gehlengraben in den Poppenbüttler Weg führend. Die halbrunde Straße verbindet den Gehlengraben mit der Tangstedter Landstraße. Der Stadtteil Langenhorn ist etwas mehr als 13 Quadratkilometer groß.

Innerhalb der Grenzen von Langenhorn liegen die Wiesen des Raakmoors ganz am östlichen Rand. Der Stadtteil im Norden wirkt ruhig – so soll es auch sein, denn zwischen den Wohnquartieren erstrecken sich Wiesen, lange Baumreihen, Kleingartenkolonien und kleine, waldige Stücke. Riesige Hochhäuser sucht man vergebens. Links, ganz im Hintergrund, sehen wir die hellen Gebäude des Gewerbegebietes. In der Mitte des Fotos ist mit dem roten Dach und dem hufeisenförmigen Bau die Fritz-Schumacher-Schule zu erkennen. Schumacher hat in den 20er-Jahren des vergangenen Jahrhunderts in Langenhorn die Gartensiedlung mit Wohnraum in 660 Kleinhäusern für Tausende von Menschen angelegt. Es wurde die erste große Stadtrandreihenhaussiedlung in Europa. Fast alle Häuser sind in Eigenregie der Bewohner heute saniert und modernisiert. Modern prä-

sentiert sich auch die Asklepios Klinik Nord, von der wir hier (rechtes Foto) den östlichen Teil in Ochsenzoll sehen. 1998 fusionierten die zuvor getrennten Krankenhäuser Ochsenzoll und Heidberg. Im Standort Ochsenzoll befinden sich die psychiatrischen Fachabteilungen. Die Asklepios Klinik Nord versorgt heute in 28 medizinischen Fachabteilungen mehr als 72 000 Patienten jährlich. Das Foto zeigt den Blick aus Südosten. Die einzelnen Gebäude auf dem Klinikgelände sind fast alle über eine Ringstraße miteinander verbunden. Am Ring steht auch der Wasserturm mit seinem hellen Kegeldach. Auf dem Gelände findet sich auch seit Mai 2009 ein Mahnmahl, das an die Verbrechen während des Nationalsozialismus erinnert: Im Krankenhaus waren bei Menschenversuchen Kinder getötet worden.

Wellingsbüttel liegt im Bezirk Wandsbek unmittelbar nördlich des Ohlsdorfer Friedhofes, von dem wir hier links unten einen Ausläufer sehen. Vor allem liegt Wellingsbüttel im Grünen und im Alstertal. Eine Adresse für gehobenes Wohnen in großen Einzelhäusern und mit großen Gärten. Der Stadtteil hat knapp 10 000 Einwohner und ist nur etwas mehr als vier Quadratkilometer groß. Der Blick geht hier nach Norden. Links erkennen wir die Sportplätze am Eckerkamp. Quer durch das Foto verlaufen die Gleise der S-Bahn; in der rechten Bildmitte liegen dann die S-Bahn-Station Wellingsbüttel und die Rolfinckstraße. Hier ist ein neues kleines Einkaufszentrum entstanden, das von allen, die im Alstertal wohnen, gern angenommen wird. In der Nähe liegt auch eine kleine Neubausiedlung, erkennbar an den grauen Dächern. Das Tal des Flusses ist hier als

Grünzug zu erkennen. Die Wellingsbüttler haben es auch nicht weit zum Alstertal-Einkaufszentrum. Im Alstertal, am Wellingsbüttler Weg, der parallel zur Bahnstrecke verläuft, steht das Herrenhaus Wellingsbüttel. Heute finden sich dort ein Café mit Gartenterrasse, eine Seniorenwohn- und eine Therapieanlage. Das Herrenhaus war der Mittelpunkt des Ende des 13. Jahrhunderts zum ersten Male erwähnten Rittergutes Wellingsbüttel. Es hatte viele Eigentümer: Bischöfe, Adlige, Großbürger und Kaufleute. Zu den Großbürgern zählte auch die Familie Jauch. TV-Moderator Günther Jauch ist der Ururenkel von Johann Christian Jauch jun. Sein Vorfahr baute das Armenhaus in Wellingsbüttel. Mit seinem Hamburger Familienzweig hat sich der beliebte Moderator jedoch noch nicht weiter beschäftigt.

Wellingsbüttel vom Allerfeinsten – das findet sich im Torhaus rechts. Das Torhaus am Wellingsbütteler Weg 75b ist ein restaurierter Barockbau aus dem 18. Jahrhundert. Einst lebten in dem Gebäude die Bediensteten des Guts Wellingsbüttel. In einem Flügel des Gebäudes ist heute das Alstertal-Museum untergebracht. Aus dem ehemaligen Pferdestall ist ein großes Kulturzentrum entstanden, das der Bürgerverein Wellingsbüttel mit seinem Kulturkreis Torhaus betreut. Es ist ein zweiflügliger Backstein-Fachwerkbau mit Uhrenturm und einer Tordurchfahrt für die Wagen und Kutschen. Der Verein Kulturkreis Torhaus mit fünfhundert Mitgliedern hat sich gegenüber der Stadt verpflichtet, die von ihm genutzten Teile des Torhauses zu erhalten und ein kulturelles Programm aufzustellen. Er organisiert bis zu 60 Veranstaltungen pro Jahr – Auto-

renlesungen, Konzerte, Ausstellungen, aber auch Seminare und Filmabende. Das Programm finanziert sich durch die Eintrittspreise, den (geringen) Mitgliederbeitrag sowie durch Spenden. Beliebt sind auch die Kunsthandwerkermärkte in der Adventszeit. Der Verein selbst logiert in dem Gebäudekomplex. Die Gebäude, die noch heute den herrschaftlichen Glanz früherer Jahrhunderte erahnen lassen, stehen unter Denkmalschutz. Das Herrenhaus stammt aus dem Jahr 1750, das Torhaus wurde fünf Jahre später eingeweiht. Wellingsbüttel bildet heute einen Stadtteil im Ortsamtsbereich Alstertal des Bezirks Wandsbek. Hier leben auf gut vier Quadratkilometern knapp 1000 Menschen. Der Stadtteil hat seinen feinen Ruf nach dem Ersten Weltkrieg erlangt, als er mit der S-Bahn-Verbindung zum bevorzugten Villenort wurde.

Hier ist die obere Spitze von Hamburg: Poppenbüttel an der Grenze zu Schleswig-Holstein mit der Harksheider Straße, die hier im Foto von oben nach unten verläuft. Westlich der Harksheider Straße finden wir ausgedehnte Wohngebiete mit vorwiegend Einzelhäusern oder kleinen Mehrfamilienhäusern. Rechts neben dem Wohngebiet liegt das Naturdenkmal Ohlkuhlenmoor. Hier findet man noch die für Moore typische Vegetation mit der Moorlilie, Torfmoosen, Moosbeere und Sonnentau. Auf der anderen, östlichen Seite der Harksheider Straße liegt (im Foto unten) das Heinrich-Heine-Gymnasium. Knapp 60 Lehrer unterrichten dort mehr als 700 Schüler. Seit 2003 wird das Gymnasium immer wieder als »Gesunde Schule« ausgezeichnet. Dabei wird zielstrebig und planmäßig Gesundheitsbewusstsein entwickelt; und es geht auch um ein »gesundes Mit-

einander« von Schülern, Lehrern, Eltern, Hausmeistern und Schulsekretärinnen. Die Schüler tragen gern die blaue Schulkleidung mit dem »Heine-Logo«. Etwas weiter nördlich an der Harksheider Straße befinden sich die Simon-Petrus-Kirche und das Gewerbegebiet rund um die Straße Poppenbüttler Bogen. Seit Mitte der 70er-Jahre des vergangenen Jahrhunderts haben dort etliche Firmen ihren Standort gefunden, etwa die Modeschmuckfirma Bijou Brigitte oder das Gebäudereinigungsunternehmen Bogdol. Es gibt auch lokale Firmen, zum Beispiel aus dem Baustoffbereich. Rechts unten im Foto finden sich die roten Dächer einen schicken Stadthaussiedlung und die roten Flächen von Tennisplätzen. Sportlich geht es auch oberhalb des Gewerbegebietes zu: Hier liegen schon die Golfplätze von Treudelberg.

Immer wieder gewachsen, präsentiert sich heute das Alstertal-Einkaufszentrum (linkes Foto) in seiner Endausbaustufe und weiter als Kundenmagnet: zum Einkaufen, Bummeln und als Erlebniswelt mitten in Poppenbüttel. Vornehm »Ah-Eh-Zett« – nicht so vornehm »Ätz« – ausgesprochen. Seit mehr als 35 Jahren existiert das AEZ, und seit 2006 wurde es auf eine Verkaufsfläche von fast 60 000 Quadratmetern und 240 Geschäfte erweitert. 3000 Parkplätze stehen zur Verfügung. Das Center wird seit Anbeginn fast wie ein Freizeitpark gemanagt: Viele Veranstaltungen, Shows und Ausstellungen sollen zusätzlich Käufer locken. Zur Orientierung: Oben im Foto liegt die Poppenbüttler Schleuse mit dem Alsterlauf. In der Mitte schlängeln sich die Straßen Grotenbleken und Heegbarg; hier liegt der umgestaltete S-Bahnhof Poppenbüttel.

Daneben befinden sich die Büros für 700 Mitarbeiter des Shopping-Center-Betreibers ECE von der »Otto Group«, ehemals bekannt als Otto-Versand. In dem Komplex links neben den S-Bahn-Gleisen liegen weitere Bürogebäude und ein Parkhaus. Gegenüber des AEZ befindet sich unter einer Glaskuppel der Meridian Spa Alstertal mit Eisbrunnen, Wellnesslandschaft, Dachterrasse, Außenpool und vielen anderen Attraktionen (kleines Foto oben). Nobel geht es auf dem Golf-Gelände des »Golf & Country Club Treudelberg« zu (rechtes Foto unten). Der ganzjährig geöffnete Meisterschaftsplatz hat 27 Bahnen am Kupferteich, durch den die Mellingbek fließt. Dazu gehört das Steigenberger Hotel Treudelberg an der Lehmsaler Landstraße, die im Foto von links kommt.

Das Dorf Lemsahl-Mellingstedt (linkes Foto) mit allem, was dazu gehört: den Teichen und einer Dorfstraße, deren Verlauf oben im Foto zu erkennen ist. Das Foto ist aus der Blickrichtung vom Rodenbeker Quellental aufgenommen worden. Die Siedlung ist umschlossen von den Straßen Diekbarg im Nordosten und der Radekoppel. Links unten im Foto ist noch die kurze Straße Trillup mit dem Schullandheim zu sehen. Ein Stück weiter liegt schon die Brücke zum Alsterwanderweg. Einzelhäuser, Hofanlagen und auch bäuerliche Betriebe bestimmen hier das Bild. Das Dorf Lemsahl-Mellingstedt wuchs einst aus zwei selbstständigen Orten zusammen. Mitte des 13. Jahrhunderts wurden sie zum ersten Mal urkundlich erwähnt. Im Ortsteil Trillup war früher eine bekannte Ziegelei, die einen gelben Stein produzierte. Das ehemalige sächsische Runddorf Bergstedt (rechtes

Foto) gehört zu den Walddörfern – aber vornehmlich sich selbst, denn der stolze Stadtteil liegt weit weg von Hamburgs Innenstadt. Mehr als 9000 Bergstedter leben heute auf den gut sieben Quadratkilometern. Das Foto zeigt den Ortskern; unten liegen die Tennisplätze an der Straße Stüffel; darüber der große Friedhof. In der rechten Bildmitte laufen sternförmig die Straßen zusammen: Von Norden kommen der Wohldorfer Damm und die Bergstedter Chaussee; von Osten der Volksdorfer Damm. Im Zentrum steht auch eines der Wahrzeichen der Walddörfer, die um 1200 erbaute Bergstedter Kirche mit einem Fachwerkturm aus dem 18. Jahrhundert. Der Innenraum ist von bäuerlichem Barock geprägt. Sie ist eine der ältesten Kirchen Hamburgs – und sehr beliebt für Hochzeiten und Taufen.

Nein, diese ländlich-idyllischen Plätze liegen nicht in der schönen Holsteinischen Schweiz oder im Bayerischen Wald! Wir sind in Hamburg an der Mellingburger Schleuse und der Wohldorfer Mühle (Foto rechts). Beides Ziele, die eigentlich jeder Hamburger schon mal bei einem Familienausflug kennengelernt hat. Die Schleuse entstand im 16. Jahrhundert und befindet sich in Lemsahl-Mellingstedt. Die hölzerne Kammerschleuse stammt aus der Mitte des 19. Jahrhundert. Sie liegt an der Mellingburger Alsterschleife, die einst zu einem Schutzwall ausgebaut war. Um das Jahr 1000 riegelten die Sachsen damit die Gebiete gegen die Wenden ab. 1717 entstanden die Gebäude, die heute ein Gasthaus und ein Hotel beherbergen. Hier in einer alten Scheune können auch Großveranstaltungen mit mehreren Hundert Gästen gefeiert werden. Nicht

ganz so touristisch üppig geht es an der Wohldorfer Mühle zu, die Mitte des 15. Jahrhunderts als Kornmühle errichtet wurde. 1622 wurde noch eine Messingdrahtmühle erbaut. Das daneben liegende Wohldorfer Herrenhaus stammt auch aus dieser Zeit, wurde aber im 18. Jahrhundert durch einen Neubau ersetzt. 1830 wurde es das Gästehaus des Senates. Das heutige Herrenhaus wurde nach 1973 gemeinsam vom Hamburger Senat und der F. v. S.-Stiftung restauriert und dient seither unter der Schirmherrschaft der Stiftung kulturellen Zwecken. Ausflügler schätzen heute nicht nur das dortige Restaurant, sondern auch die Möglichkeit, im nahen Duvenstedter Brook stundenlange Spaziergänge unternehmen zu können. Die Mühle gehört zum Stadtteil Wohldorf-Ohlstedt, der im Bezirk Wandsbek liegt.

Im Norden Hamburgs an der Landesgrenze zu Schleswig-Holstein befinden sich das größte zusammenhängende Naturschutzgebiet der Stadt und der Stadtteil Duvenstedt. Rechts oben im Foto beginnt der Wohldorfer Wald. Lange Zeit hat Duvenstedt seinen ländlichen Charakter bewahren können. Landhäuser, Villen, Viertel mit Einzelhäusern, lange Baumreihen und landwirtschaftliche Nutzflächen prägen heute das Bild. Es ist noch so ländlich, dass man einen der Hauptverkehrswege, die Poppenbüttler Chaussee links oben im Foto, nur ahnen kann; die Straße führt zum Ortskern mit der Duvenstedter Cantate-Kirche. Links unten geht der Trilluper Weg schräg hoch. Hier lohnt der genaue Blick aufs Foto: Hinter den Mehrfamilienhäusern mit den roten Dächern liegt ein großer Spielplatz, umgeben von zwei Feldern, der den wunderschönen Namen Bolzplatz noch verdient. Wun-

derschön geht es weiter. Am rechten Rand des Fotos verläuft die Straße Alsterblick, daneben windet sich der Lauf der Alster. Der Name Duvenstedt ist heute Programm: Mit Oldtimertreffen, Hoffesten, Kartoffelmarkt, einem Bilderbuch-Weihnachtsmarkt und anderen Veranstaltungen feiert sich der Ort selbst. Motor ist der Verein »Duvenstedt aktiv«, der nach seiner Gründung im Jahr 2004 schnell zu einer der größten Stadtteilinitiativen Hamburgs geworden ist. Duvenstedt liegt im Bezirk Wandsbek, ist knapp sieben Quadratkilometer groß und hat etwas mehr als 6000 Einwohner. 1261 wurde Duvenstedt zum ersten Mal urkundlich erwähnt, war im Besitz des Hamburger Domkapitels, ging in den Besitz der Herzöge von Schleswig-Gottorf, wurde 1867 preußische Landgemeinde und kam mit dem Groß-Hamburg-Gesetz 1937 an die Hansestadt.

Sasel – ein Häusermeer mit meist rechtwinklig angeordneten Straßen und einem kleinen Teich (einem Regenrückhaltebecken) am Glicherweg (großes Foto). Vom Teich geht ein kleiner Grünzug in Richtung Westen und trifft auf den Frahmredder, der diagonal durch das Foto verläuft. Hier am Frahmredder 95 liegt die Hamburger Niederlassung des Deutschen Wetterdienstes (DWD). Der DWD gehört zum Bundesministerium für Verkehr, Bau und Stadtentwicklung und ist der nationale meteorologische Dienst der Bundesrepublik. 120 Mitarbeiter erarbeiten hier seit 1975 Wetterprognosen und betreuen alle Wetterstationen in Norddeutschland. Weiter links im Foto neben dem DWD-Gebäude liegt die Oberstufe der Peter-Petersen-Schule (PPS) am Redder. Die Gesamtschule ist seit Mitte September 2007 in drei verschiedenen Gebäuden unter-

gebracht. Neun Klassen- und Kursräume, drei neu ausgebaute naturwissenschaftliche Räume sowie einen Kunstraum hat die Schule am Redder. Nicht weit weg liegt der Saseler Markt mit der 1962 gebauten Vicelinkirche, die ein wenig aussieht wie ein Zelt, rund 40 Geschäften und dem Platz für einen Wochenmarkt. Für die Verschönerung des Marktes setzt sich der Verein »Unser-Sasel« ein. Ein Stück weiter südöstlich liegt das Gewerbegebiet am Saseler Bogen (rechts oben im kleinen Foto) neben einer vielbefahrenen Straße, dem Volksdorfer Weg. In dem kleineren Gewerbegebiet haben sich seit den 70er-Jahren des vergangenen Jahrhunderts 50 meist mittelständische Betriebe angesiedelt. In der unteren Bildmitte sehen wir die »Kinderstube Peter-Petersen-Schule« an der Kätnerwiese 7.

Sasel zwischen zwei Wasserläufen: Im Westen fließt die Alster, im Osten die Saselbek (linkes Foto). Östlich der Saselbek grenzt unmittelbar das Naturschutzgebiet Haineschland an; weiter nördlich sehen wir den Mühlenteich. Oben im Foto: Das Rund ist die Mellingburg mit der Schleuse. Im weiteren Verlauf schließt sich dann der Hohenbuchenpark an. Ganz hinten im Foto sehen wir noch Teile von Lemsahl-Mellingstedt. Links am Sportplatz liegt das Gymnasium Oberalster (GOA). Es besteht seit 1945 und ist damit das älteste Gymnasium in seinem Einzugsgebiet. 65 Lehrer unterrichten 890 Schüler. Die Schule erwartet »erhöhte Anstrengungen«. In ihrem Profil sieht sie sich in einem »schon als begünstigt zu betrachtenden sozialen Umfeld«, das eine »Auswahl in der Schüler- und Elternschaft zur Folge« habe.

Das rechte Foto zeigt den östlichen Teil von Sasel mit dem Berner Weg, der vom Saseler Markt kommend nach Süden führt und die Straße Auf der Heide kreuzt. Ganz hinten sehen wir wieder mit den hellen Feldern das Naturschutzgebiet Haineschland und die Saseler Chaussee, die im Wald schon Bergstedter Chaussee heißt. Der Stadtteil Sasel gehört zum Bezirk Wandsbek, liegt im Ortsamtsbereich Alstertal und ist umgeben von Poppenbüttel (westlich), Lemsahl-Mellingstedt (nördlich), Bergstedt und Volksdorf (östlich), Farmsen-Berne (südöstlich) sowie Wellingsbüttel und Bramfeld (südlich). Gut acht Quadratkilometer ist der Stadtteil groß und hat mehr als 22 000 Einwohner. Nach dem Ersten Weltkrieg entstand die »Siedlung Sasel« mit ausgedehnten Einzelhausgebieten. Es war schon damals ein bevölkerungsreicher Stadtteil.

Volksdorf gehört zu den Walddörfern im Norden von Hamburg und zeichnet sich durch viel Natur aus. Ländlich geprägt sind die meisten Wohnstadtteile mit schicken Neubausiedlungen. Das Foto zeigt den Blick von Osten und den Reiz der waldigen Gegend just an der Grenze zu Schleswig-Holstein. Im Bild unten rechts am Bornkampsweg und dem Teich liegen das Haus der Natur, das Gut Wulfsdorf und die Allmende Wulfsdorf, ein sozial-ökologisches Dorfprojekt für Wohnen und Arbeiten in Hamburg und im nahen Ahrensburg. Links daneben von Baumreihen umstanden verlaufen die Gleise der U-Bahn mit den Stationen Buchenkamp und Volksdorf. Am Buchenkamp liegt die von einer nierenförmigen Straßenführung erschlossene Siedlung am Moorbekring. In der Mitte des Fotos sehen wir das dörfliche Zentrum Volksdorfs und den eckigen

Bau des Walddörfer-Gymnasiums. Die Waldgebiete im Hintergrund gehören tatsächlich zur Millionenstadt Hamburg. Es sind: der Volksdorfer Wald, die Waldgebiete um die Volksdorfer Teichwiesen und der Friedhof, der natürlich »Waldfriedhof« heißt. Der Stadtteil ist etwas mehr als elf Quadratkilometer groß und wächst in seiner Einwohnerzahl. Es sind schon mehr als 20 000. Im Nordwesten von Volksdorf liegt Bergstedt, westlich Sasel und südwestlich schließt Volksdorf an den Stadtteil Farmsen-Berne. Südlich grenzt Volksdorf – abgetrennt durch den Volksdorfer Wald – an Meiendorf, einen Ortsteil des Stadtteils Rahlstedt. Verwaltet wird Volksdorf vom Bezirk Wandsbek und ist dort wiederum als einer von sechs Stadtteilen dem Ortsamtsgebiet Walddörfer zugeordnet.

Kompakt, geschichtsträchtig und quicklebendig, so zeigt sich der Ortskern von Volksdorf (großes Foto). Eine verschworene Gemeinschaft pflegt hier das Dörfliche. Wer mit der U-Bahn kommt, ist schon mittendrin; besonders an Markttagen, wenn auf dem Marktplatz gleich neben dem Bahnhof die Händler stehen. Der Bahnhof findet sich in der linken Bildmitte; das Foto ist aus westlicher Richtung aufgenommen. Zur Orientierung: Vom Kreisel (Foto ganz unten rechts) geht die Eulenkrugstraße unter den Gleisen durch und in leichtem Schwung auf das Einkaufszentrum Eulenkrug-Passage. Dahinter sehen wir den Teich Allhorndiek; von dort fließt das Bächlein Saselbek am Museumsdorf vorbei. Und alles ist schön mit großen Bäumen umstanden. Gleich daneben liegt als großer Häuserblock das Walddörfer-Gymnasium: ein typischer Rotklinkerbau von 1931

des Architekten Fritz Schumacher und ein besonderes Denkmal in Volksdorf. Mehr als 1000 Schüler werden hier unterrichtet; es gibt vier Orchester, zwei Bigbands, drei Chöre und fünf Theatergruppen. Begehrte Neubaugebiete liegen im Norden neben geschützten Naturräumen, wie am Timmermoor (kleines Foto oben). Hier liegt am Volksdorfer Damm eine Siedlung mit Stadt- und kleineren Mehrfamilienhäusern. Im Hintergrund ist die Bahnlinie mit der Station Buckhorn zu sehen. Daneben liegt das gleichnamige Gymnasium mit fast 1000 Schülern. Auf der östlichen Seite der U-Bahn-Gleise findet sich der Waldfriedhof Volksdorf, dahinter liegt schon Schleswig-Holstein mit Ammersbek. Das untere kleine Foto zeigt die Siedlung am Buckhornwald und die roten Dächer des dortigen Wasserwerkes.

IM NORDOSTEN: VON WANDSBEK BIS RAHLSTEDT

Wandsbek ist mit seinen mehr als 400 000 Einwohnern der größte Stadtteil Hamburgs – und gut auf die Zukunft eingestellt. Neue Wohngebiete sind im Grünen auf großen Flächen gewachsen, auf denen einst zum Beispiel eine Kaserne stand. Auch das Herz des Bezirks ist neu: Der Platz am Wandsbeker Markt (hier im Foto) wurde zum schicken Treffpunkt mit einem Café, einem Mini-Park und Kunstwerken, die die Historie widerspiegeln. Über den Markt führt eine der »Lebensadern« des Bezirks, die Bundesstraße 75, darunter und daneben befindet sich der – gut organisierte – Bus- und U-Bahnhof.

Das linke Foto zeigt sowohl das moderne als auch das ganz alte Wandsbek. Auffallend unten die große Industrieanlage. Das sind die Deutschen Hefewerke, die direkt am Lauf der Wandse liegen. Das Flüsschen ist am Wandsewehr bei der Hogrevestraße gestaut. Stromauf entsteht so ein hübscher Teich. Ein kleiner Weg führt an der Wandse entlang. Noch weiter stromauf quert die Holzmühlenstraße den Fluss mit einer Brücke. Dann folgen der Eichtalpark, die Kreuzkirche und das Matthias-Claudius-Heim am Walther-Mahlau-Stieg, ein Alten- und Pflegeheim der Diakoniestiftung Alt-Hamburg. Benannt ist das Haus nach Matthias Claudius, der im 18. Jahrhundert den »Wandsbeker Boten« herausgab, die erste deutsche Volkszeitung. Wandsbek östlich des Marktes: Auch hier prägen die großen Verkehrsadern das Viertel (rechtes Foto). So führt die S-Bahn-Linie

in einem Bogen an dem länglichen Postgebäude, das an der Straße Am Neumarkt liegt, vorbei und führt zur nächsten Station, Wandsbek-Ost (Tonndorf). Mit einer Brücke verläuft der Holstenhofweg über die Gleise und trifft dann eine nächste Hauptverkehrsader, die Bundesstraße 75, die hier Ahrensburger Straße heißt und sich in nordöstlicher Richtung in die Stein-Hardenberg-Straße und die Tonndorfer Hauptstraße teilt, die wiederum über die S-Bahn-Linie führt. Hier fließt der Verkehr mit Zehntausenden von Autos täglich in Richtung Osten. Wandsbek bietet hier eine Mischung aus Gewerbe- und Industriegebieten, Siedlungen, die von Einzel- und Mehrfamilienhäusern geprägt sind – und einem schönen Grünzug entlang des Baches Wandse, wo auch mehrere Sportplätze dicht beieinander liegen, im Foto ist der Sportplatz Wandsetal zu sehen.

Reihe für Reihe aufgefächert wie die Theaterreihen stehen die Einzelhäuser am Jenfelder Moor, dem kleinen Teich (großes Foto). Die Einzelhaussiedlung liegt zwischen der Schimmelmannstraße (links) und der Ossietzkystraße. Dann folgt rechts ein paar Häuser weiter die Rodigallee mit den ersten Bauten der Helmut-Schmidt-Universität. Lange Jahre wurde in diesem Gebiet Torf gestochen, bis das Moor zurückging. Der Teich ist mit dem Bach Rahlau verbunden. Östlich des Sees liegt eine Kleingartenanlage, dann folgt der Jenfelder Moorpark, in dessen Mittelpunkt eine große Wiese liegt. Weiter östlich folgt dann schon die Jenfelder Allee mit den weißen Hochhäusern. Links der Einzelhaussiedlung erstreckt sich das Industriegebiet Tonndorf. Der Stadtteil liegt im Bezirk Wandsbek, hat eine Fläche von knapp vier Quadratkilometern und gut 12 000 Einwohner. Als ein holstei-

nischer Ort wurde Tonndorf zum ersten Mal 1314 urkundlich erwähnt. Um die Wende zum 20. Jahrhundert verschwand der alte dörfliche Charakter Tonndorfs, einige Tongruben und Ziegeleien bestanden noch weiter, doch das ehemalige Dorf entwickelte sich zu einem Wohngebiet mit gewerblichen Randflächen. Ein ganz anders gemischtes Gebiet findet sich in der Nähe an der Wandse (kleines Foto unten). Hier liegen Einzelhäuser neben Gewerbe und Mehrfamilienhäusern. Neben dem Tennisplatz finden wir noch den zwei Hektar großen Botanischen Sondergarten. Das kleine Foto oben zeigt Wandsbek-Gartenstadt bei Hinschenfelde mit der Tilsiter Straße, die (im Bild diagonal) auf die St.-Stephan-Kirche führt. Das überwiegend mit Eigenheimen bebaute Viertel wird von seinen Bewohnern liebevoll gepflegt.

Es ist ein riesiger Baukörper – und dieser entspricht dem Auftrag: Das Gesundheitszentrum Asklepios Klinik Wandsbek (linkes Foto) ist ein Schwerpunktkrankenhaus im Hamburger Osten mit 500 Betten und zwölf Fachabteilungen, einem eigenen Notarztwagen, der Zentralen Notfallaufnahme und einem eigenen Hubschrauberlandeplatz. Das Krankenhaus liegt zwischen der Rauch-, der Alphons- und der Jüthornstraße, die im Foto vorn quer hinter den Bäumen verläuft. Und es wird weiter ausgebaut. Die Behörde für Soziales, Familie, Gesundheit und Verbraucherschutz lässt eine psychiatrische Versorgungseinrichtung bauen. 110 Betten der Psychiatrie Ochsenzoll werden 2011 nach Wandsbek verlagert, denn der Bezirk Wandsbek hat mit seinen 400 000 Einwohnern bisher keine eigene Psychiatrie. Etwas versteckt an der Asklepios Klinik Wandsbek befindet sich eine Babyklappe. Diese ist von der

Rauchstraße aus kaum einsehbar, aber leicht zugängig und 24 Stunden am Tag geöffnet. Ein Wohngebiet finden wir in Barmbek-Nord (rechtes Foto). Hier scheint vieles zusammengewürfelt, doch das Quartier ist seit Langem gewachsen. Die langen, großen Wohnhäuser (»Backsteinblöcke«) stammen zum Teil aus den 30er-Jahren des vergangenen Jahrhunderts. Wir sehen oben ein Gewerbegebiet, gegenüber eine neuere Hochhausanlage. Von oben nach unten verläuft in diesem Foto die Steilshooper Straße, die neben der auffälligen großen Wohnanlage nach rechts abknickt und den Elligersweg quert. Ganz oben rechts im Foto ist noch als blauer Fleck das Rückhaltebecken des Baches Seebek zu erkennen. Wie gemütlich diese Wohngegend ist, zeigen auch die beiden Anlagen von Kleingärten, die oben im Foto zu beiden Seiten der Steilshooper Straße zu erkennen sind.

Die Bundesstraße 434, die auf dem Foto von Nord nach Süd führt, teilt Bramfeld. Markant: der alte Teich links neben der B 434, umgeben von viel Grün. Da liegt ein wundervolles Gebiet für kleine Ausflüge, das bei den Anwohnern sehr beliebt ist. Oberhalb des Teichs finden sich ein Sportplatz und eine Kleingartensiedlung. Daneben sehen wir die östlichen Ausläufer des Friedhofes Ohlsdorf – auch eine Oase der Ruhe und der gepflegten Natur, die gern für Spaziergänge genutzt wird. Auf der anderen Straßenseite Wohnungsbau, so weit das Auge reicht. Bramfeld ist hier ein (fast) reines Wohngebiet, in dem die »alten Bramfelder« seit Langem zu Hause sind. Hier knickt nach Osten die Berner Chaussee ab, die nach wenigen Kilometern mitten nach Berne führt. Nördlich der Kiesgrubenteiche (im Foto rechts) findet sich noch der städtische Friedhof. Ein Zeuge aus der Zeit, als Bramfeld noch ein Dorf war. Der

kleine Friedhof ist heute Ziel von Touren des Stadtteilarchivs Bramfeld, das dort der Geschichte alter Bramfelder Familien nachspürt. Heute ist Bramfeld ein mit einer Fläche von gut zehn Quadratkilometern großer Stadtteil, der rund 50 000 Einwohner hat. Das alte Dorf Bramfeld wurde erstmals 1271 urkundlich erwähnt. In seiner wechselvollen Geschichte gehörte es einst dem Adel, dann dem Kloster Harvestehude, schließlich Hamburger Kaufleuten, bis es im Jahr 1907 selbstständige Kirchengemeinde wurde. Seit Mitte des 19. Jahrhunderts wurden in Bramfeld große Gemüsegärtnereien angelegt. Die älteren Bramfelder erinnern sich noch an große Rhabarberfelder westlich der Chaussee. Später kamen große Siedlungsprojekte, von denen einige unmittelbar an diesen Ortskern grenzen: so die Großsiedlung Steilshoop (1977) oder die Gartenstadt Hohnerkamp, die Mitte der 50er-Jahre entstand.

So schön kann Farmsen sein: blaue Teiche und viel sattes Grün, die hier (auf dem großen Foto) um drei Verkehrsadern liegen. Links die U-Bahn mit der Station Farmsen, nach rechts folgend der Friedrich-Ebert-Damm und schließlich der Berner Heerweg. Dann kommt schon der Kupferteich am Pulverhofsweg. Schöne Spazier- und Radwege führen durch das Grün. Vor Jahrhunderten gab es eine Kupfermühle, in der Bleche und Messingdrähte hergestellt und über den Hamburger Hafen in die ganze Welt geliefert wurden. Später wurde aus der Kupfermühle eine Bierbrauerei. Farmsen – oder korrekt: Farmsen-Berne ist ein länglicher Stadtteil, der mit gut acht Quadratkilometern im Kerngebiet des Bezirks Wandsbek liegt. 1830 wurde das Gut Berne der Vogtei Farmsen zugeteilt. Das Gut Berne spielt in Detlev von Liliencrons Erzählung »Leben und Lüge« eine Rolle. Bis 1937 gehörte Farmsen-Berne zu den

hamburgischen Walddörfern. Heute hat Farmsen-Berne mehr als 33 000 Einwohner. In der ersten Hälfte des 20. Jahrhunderts machte die Trabrennbahn Farmsen den Ort bekannt. Doch statt Pferdesport gibt es seit dem Ende des vergangenen Jahrhunderts eine grüne Wohnoase auf dem Gelände der Trabrennbahn oberhalb der Pohlmannteiche (Foto rechts oben). 3000 Menschen leben innerhalb der Ringstraße, dem Max-Herz-Ring. Besonderheit: Das Oval mit dem Wohnbereich ist für Autos tabu. Unterhalb der Teiche verläuft der Friedrich-Ebert-Damm; darunter liegt das Industriegebiet. Ein nettes kleines Schrebergartengelände findet sich Richtung Bramfeld (kleines Foto unten) zwischen dem Gymnasium Osterbek (an den Sportplätzen) und der Haldesdorfer Straße. Das Kleingartengebiet wird von der Straße Barmwisch gequert. Unten im Foto ein Teich im Verlauf der Osterbek.

Grau, flach und zum Teil mit dicken Parabolantennen bestückt: Das sind die Dächer von Studio Hamburg, die die Fernsehwelt bedeuten. Die riesige Fernseh- und Filmproduktion liegt an der Jenfelder Allee 80, die diagonal durch das Foto führt. Das »Großstadtrevier«, »Tatorte«, die »Schwarzwaldklinik« und das »Traumschiff« entstanden oder entstehen noch in den Gebäuden. Hier in Tonndorf logierte 1947 die Real Film GmbH und ein Jahr später der Atelierbetrieb. Immer verbunden mit dem Studio Hamburg ist der Name von Gyula Trebitsch, der zusammen mit einer Tochter des Norddeutschen Rundfunks 1959 die Betriebsgesellschaft gründete und bis 1980 in der Geschäftsführung war. 1977 wurde die Studio Hamburg Media Consult International (MCI) gegründet. Weitere Entwicklungen tragen zum Ruf Hamburgs als Medienstadt bei. Heute be-

zeichnet sich Studio Hamburg als »Deutschlands führendes Produktions- und Dienstleistungszentrum für Film und Fernsehen«. Neben den öffentlich-rechtlichen gehören auch viele private Sender und freie Film- und TV-Produktionen zu den Kunden. Die Gebäude, deren kastenförmiges Erscheinungsbild immer noch etwas an Kasernen erinnern, liegen an der Bahnstrecke der Regionalbahn, die vom Hauptbahnhof Richtung Bad Oldesloe führt. Der Bahnhof (hier links im Foto) hat den Namen »Wandsbek-Ost« (Tonndorf). Auch die Nähe des Studios Hamburg zur südlich gelegenen Autobahn 24 bringt Vorteile. Rechts neben dem Studio verläuft der Bach Rahlau, hier nur als Grünzug zu erkennen. Gegenüber vom Studio liegt die katholische Kirchengemeinde Tonndorf St. Agnes mit ihrem Gemeindehaus.

Die Stadt im Wandel: Auf Konversionsgeländen, auf denen früher Krankenhäuser betrieben wurden oder Kasernenleben herrschte, entstehen Wohnungen. So auch in Jenfeld (kleines Foto oben) auf dem Gelände der Lettow-Vorbeck-Kaserne. Der Blick aus dem Flugzeug fällt erst mal auf die Autobahn 24 mit dem Anschluss Jenfeld. Unterhalb der A 24 liegt eine Kleingartenanlage. Als Hauptverkehrsader geht der Schiffbeker Weg unter der A 24 durch und quert die Rodigallee. Im Verlauf nach Norden wird aus dem Schiffbeker Weg die Jenfelder Allee. Weiter oben und in Richtung Tonndorf liegt nördlich der weißen Hochhäuser die Lettow-Vorbeck-Kaserne. Südlich der Kühnstraße zwischen der Jenfelder Allee und der Charlottenburger Straße soll ein Neubauvorhaben mehr als 700 Wohnungen für mehr als 2000 Menschen schaffen. Auf dem 35 Hektar großen Ge-

lände plant Hamburg das Projekt »Neues Wohnen in Jenfeld«. Im Mittelpunkt steht dabei auch die energieeffiziente und zukunftsorientierte Stadtentwicklung. Weiterhin sind eine großzügige Parkanlage und ein eigener See geplant. Ein paar Kilometer nördlich finden wir die Gartenstadt Berne (rechtes großes Foto) mit dem fast quadratischen Berner Wald daneben. Die Siedlung entstand in der ersten Hälfte des 20. Jahrhunderts nach dem Vorbild der Gartenstadt Wandsbek. Mit dieser genossenschaftlichen Siedlung setzte die eigentliche Entwicklung des Viertels ein. Südlich des Berner Waldes liegt die Berner Allee, die östlich zum Berner Gutspark und in Richtung der U-Bahnstation Berne führt. Das linke untere Foto zeigt die Bundeswehr- oder Helmut-Schmidt-Universität mit einem Teich und Sportplätzen an der Autobahn 24.

Ein Blick auf Rahlstedt: Der S-Bahnhof steht im Mittelpunkt (großes Foto). Der Busbahnhof und auch der beliebte Wochenmarkt sind gleich daneben. Ein paar Schritte weiter liegt das Rahlstedt Center, ein Einkaufszentrum mit 50 Geschäften. Hier geht es noch etwas gemütlicher zu, auch wenn sich die unvermeidlichen Filialisten mit ihren Frisörgeschäften in der Einkaufsstraße breitmachen. In Bahnhofsnähe ist auch der Liliencronpark, der dem Dichter Detlev von Liliencron gewidmet ist, der hier Anfang der 20. Jahrhunderts lebte. Vom Bahnhof führt die Amtsstraße nach Osten auf die Rahlstedter Straße; dabei quert sie ein schmaler Bach, die Wandse, die verdeutlicht: Wir sind im Bezirk Wandsbek. Allerdings sagen die Rahlstedter auch schon mal »Rahlau« zu dem Bach. Der Stadtteil Rahlstedt ist 26 Quadratkilometer groß und wurde

als Radoluestede 1248 zum ersten Mal urkundlich erwähnt. Im Dreißigjährigen Krieg nahmen die beiden Feldherren Tilly und Wallenstein im Dorf Quartier. Mitte des 19. Jahrhunderts begann die Lübeck-Büchener Eisenbahngesellschaft ihren Fahrdienst, und der Wandel vom Bauerndorf zum Villenvorort begann. 1893 eröffnete der Bahnhof Altrahlstedt. In den 30er-Jahren entstanden die Boehn- und die Graf-Goltz-Kaserne sowie der Standortübungsplatz Höltigbaum. Dort liegt heute ein Naturschutzgebiet: Wo früher junge Männer zu Soldaten ausgebildet wurden, liegt savannenähnliches Grasland. Mit mehr als 85 000 Einwohnern hat Rahlstedt fast Großstadtumfang. Das linke Foto zeigt den Norden von Rahlstedt mit dem Gewerbegebiet am Bargkoppelweg oben und den Hochhäusern am Anklamer Ring.

Das »eigentliche« und ursprüngliche Rahlstedt ist gekennzeichnet durch die vielen Villen und Einzelhäuser (linkes Foto), die zu beiden Seiten des Friedhofes (Am Friedhof/Weddinger Weg) liegen. Hier ist Alt-Rahlstedt, eine ehemalige preußische Landgemeinde, die 1927 zusammen mit Neurahlstedt, Meiendorf und Oldenfelde sowie Teilen von Tonndorf-Lohe und Jenfeld zur Großgemeinde Rahlstedt wurde. Westlich des Friedhofes steht die Rahlstedter Dorfkirche in dem Grünzug, der entlang des Baches Wandse führt. Auf der anderen Seite des Baches ist der Sportplatz am Altrahlstedter Redder, dahinter die Bahnlinie und der Rahlstedter Bahnhof. Der Rahlstedter Osten aus der Luft zeigt sich in kräftigem Grün (rechtes Foto): In der Mitte ist die große Waldfläche an der Straße Am Hegen mit einem Spielplatz mittendrin und

einem Rodelberg. Westlich des Wäldchens liegt ein Hockeyplatz. Darunter an der Kielkoppelstraße eine Sonderschule und das Kinderkrankenhaus Wilhelmstift. Der Wald Am Hegen kam Anfang der 80er-Jahre des vorigen Jahrhunderts in die Schlagzeilen, als ein Feuerwehrmann auf der Suche nach Munitionsrückständen einen wahren Schatz entdeckte: In einem Steinguttopf, einer Kassette und einem Einweckglas fanden sich zahlreiche Edelsteine, Armbänder, Münzen, Broschen, Ketten und Ringe. Ein Hamburger Juwelier hatte sie im Zweiten Weltkrieg vergraben. Die Felder rechts im Foto gehören zum schleswig-holsteinischen Barsbüttel. Zwischen den beiden Hochhaussiedlungen verläuft die Schöneberger Straße und am oberen Bildrand die Bundesstraße 435.

Eine grüne Oase liegt in Tonndorf direkt westlich der viel befahrenen Stein-Hardenberg-Straße, der Bundesstraße 75, am Pulverhofteich (linkes Foto). Südlich des Teiches, der durch Aufstauen der Wandse entstanden ist, befindet sich der Pulverhofspark. Früher arbeiteten hier zwei Pulvermühlen. Heute steht hier auch eine weiße Villa, die eine lange Chonik hat und zwischenzeitlich zu zweifelhaftem Ruhm gelangte: Der Mühlenbesitzer Johann Schmidt ließ Ende des 19. Jahrhunderts das Herrenhaus errichten. Das Gebäude wurde später eine Privatklinik, dann ein Entbindungsheim, ein Bordell, ein Nachtclub, eine Aussiedlerunterkunft; schließlich war dort auch mal eine Einrichtung für kriminelle Jugendliche. Heute beherbergt es die Einrichtung »Leben mit Behinderung Hamburg«. Stromab der Wandse schlängelt sich der Wanderweg durch ein parkähnliches Gelände. Ganz links erkennt man noch ein Gebäude

der Kooperativen Schule Tonndorf (KST), die am Barenkrug 16 liegt. Östlich des Grünzugs an der Wandse befindet sich die Straße Wichelwisch, dann eine Einzelhaussiedlung, schließlich kommt die Stein-Hardenberg-Straße und (rechts oben im Foto) die Kreuzung Am Pulverhof. Dicht daneben quert die Straße Am Pulverhof die Gleise der S-Bahn. Nicht weit entfernt vom Pulverteich steht eine Großsiedlung auf dem Gelände der ehemaligen Boehn-Kaserne (rechtes Foto) an den Straßen Saßnitzer Weg, Boltenhagener, Kühlungsborner und Ahrenshooper Straße. Das neue Viertel heißt »Rahlsteder Höhe«. Ende der 90er-Jahre des vergangenen Jahrhunderts entstanden auf der 30 Hektar großen Konversationsfläche 1800 Wohnungen und drei Kindertagesstätten. Die Miet- und Eigentumswohnungen liegen in drei- bis fünfgeschossigen Blöcken, in Reihenhäusern und auch in Stadtvillen.

Meiendorf ist geprägt von kleinen Mehrfamilien- und Einzelhäusern (großes Foto). Auf diesem Bild sind nur unten große Wohnhäuser zu erkennen. Der Wohnort stellt den nördlichsten von mehreren Ortsteilen Rahlstedts dar. Im Norden grenzt Meiendorf an den Volksdorfer Wald. Hier liegt die U-Bahn-Station Meiendorfer Weg (im Foto ganz links). Wir sehen in der Mitte den Deepenhornteich und links unten eine neue Verkehrsführung, die sich in Hamburg immer weiter ausbreitet: einen Kreisel (statt Kreuzung). Vom Kreisel geht nach rechts die Saseler Straße ab, die später auf den Meiendorfer Mühlenweg führt. Im Osten ist die Besiedlung dünn, hier finden sich zwei Naturschutzgebiete. Das ehemalige holsteinische Bauerndorf wurde Anfang des 14. Jahrhunderts zum ersten Mal urkundlich erwähnt. Seit 1927 gehört es zu Rahlstedt, zehn Jahre später kam es im

Rahmen des Groß-Hamburg-Gesetzes zu Hamburg. Schlagzeilen machte Meiendorf in den 30er-Jahren des vergangenen Jahrhunderts, als bei Ausgrabungen im Stellmoorer Tunneltal 14 000 Jahre alte Gerätschaften, Feuersteinwerkzeuge und Tierkopfgravuren von Nomaden gefunden wurden. Das Tunneltal wurde 1978 unter Naturschutz gestellt und liegt an der Meiendorfer Straße, die im kleinen Foto links oben ganz rechts zu erkennen ist. Hier finden sich die Schule Meiendorf am Sportplatz und das Gewerbegebiet (unten links). Ein ungewöhnliches Bauprojekt heißt »Meienrund« und liegt östlich des Volksdorfer Waldes an einer Stichstraße, die von der Meiendorfer Straße abgeht (kleines Foto unten). Die Häuser liegen auf Grundstücken, die kreisförmig angeordnet sind und so den Charakter eines Runddorfs haben.

DER OSTEN: ZWISCHEN BILLE UND ELBE

Der Osten von Hamburg zwischen der Elbe im Süden und der Bille im Norden wird von vielen – sehr eigenständigen – Vierteln, Wohnanlagen, aber auch Gebieten geprägt, die sich wie kleine Dörfer oder Kleinstädte geben. Größte »Stadt« im Osten ist Bergedorf, ein eigener Bezirk mit eigenem Schloss und stolzer Geschichte, der sich sogar das Städtische wieder auf seine Fahnen geschrieben hat. Neben den großstädtischen Wohnvierteln von Billstedt, Hamm und Horn finden sich im Osten die ländlich geprägten Gebiete der Vier- und Marschlande mit großen Naherholungsgebieten an der Dove- und Goose-Elbe oder auch am Öjendorfer See. Für viele Hamburger bedeutet der Besuch im Osten nicht nur eine lange Reise, sondern auch einen Tagesausflug in eine ganz andere – dörflich-grüne – Welt.

Schön herausgeputzt mit großen Bäumen haben sich die Straßen am Eilbekkanal, der als blaues Band diagonal durch das große Foto verläuft. Parallel zum Kanal liegen im Stadtteil Eilbek die Straßen mit den schönen Namen Eilenau, Blumenau und Hagenau. Über den Kanal (links unten im Foto) führt nach Nordwesten die Wartenau, die zum Lerchenfeld führt, eine Bezeichnung, die auch für die dortige Hochschule für Bildende Künste (HfBK) gebraucht wird. Oberhalb der HfBK findet sich die Hamburg Media School. Darüber sieht man die (aufgestelzte) U-Bahn-Linie mit den Stationen Hamburger Straße und Dehnhaide. Daneben die klotzigen Bauten des Einkaufszentrums Hamburger Straße, das revitalisiert werden soll. Hauptverkehrsader ist hier die Bundesstraße 75, die Wandsbeker Chaussee, die an der Osterkirche und dem Jacobi-

park nach Wandsbek führt. Es treffen also ruhige Wohnstraßen mitten in der Stadt auf breite Hauptstraßen – was die Gegend auch so beliebt bei Fahrlehrern macht. Im kleinen Foto oben sehen wir den Verkehrsknotenpunkt an der Lübecker Straße, die an dem Dreieck unten links im Foto auf den Mühlendamm, den Steinhauerdamm und die Wallstraße trifft. Südlich der S-Bahn-Linie verläuft die Bürgerweide, die auf die Landwehr (mit dem dortigen S-Bahnhof) führt. Das kleine untere Foto zeigt einen Blick auf Borgfelde und Hamm-Süd. Hier liegt der Mittelkanal, gleich daneben das neue Haspa-Dienstleistungszentrum an der Eiffestraße. Parallel zur Eiffestraße verläuft die Borgfelder Straße, die östlich des Grevenwegs Hammer Landstraße heißt. Dort liegt auch die U-Bahn-Station Burgstraße.

Wie eine grüne Sichel liegt die Elbinsel Kaltehofe zwischen Billwerder Bucht, Holzhafen und Norderelbe. Auf dem 44 Hektar großen Naturparadies im Stadtteil Rothenburgsort wurde einst ein Elbwasser-Filtrierwerk betrieben. Ab 1893 wurde mithilfe der ursprünglich 22 Wasserbecken die Hälfte des Hamburger Wasserbedarfs gedeckt. Die Insel entstand 1875 mit dem Durchstich der Kalten Hofe und der Begradigung der Norderelbe. Der zweijährige Bau der Filteranlage mit den vielen Backsteintürmchen, die an alte Burganlagen erinnern, kostete damals 9,5 Millionen Mark. Mittelpunkt ist noch heute eine Villa, die wie ein kleines Märchenschloss oberhalb der Bucht im Südwesten liegt. Bis 1964 wurde in den jeweils 7500 Quadratmeter großen Becken das Elbwasser gefiltert. Eigentümer sind die Hamburger Wasserwerke (HWW); verwaltet wird die Insel vom Bezirk Hamburg-Mitte. Der größte Teil der In-

sel mit dem alten Wasserwerk liegt als Sperrgebiet hinter einem großen Zaun. Seit Jahren hat sich Kaltehofe zu einem Refugium scheuer Tiere entwickelt. Die Herrschaft über die »vergessene« Insel haben Hase, Kormoran und Zwergtaucher. Pläne, dieses Naturparadies, das nur sechs Kilometer vom Hauptbahnhof entfernt liegt, für die Hamburger zugänglich zu machen, gibt es seit Jahren. Umweltbehörde, Wasserwerke und der Bezirk Mitte wollen ein Drittel der Insel öffnen und mit einer für Hamburg einmaligen Mischung aus »Industrie- und Naturdenkmal« eine »Ausflugsadresse erster Güte« schaffen. Etwa fünf Millionen Euro sollen investiert werden. Im Süden ist Kaltehofe über den Elb-Hauptdeich mit dem Festland verbunden. Man erreicht die Insel über das Sperrwerk Billwerder Bucht im Norden. Oben im Foto liegt mit den Schornsteinen das Kraftwerk Tiefstack; unten die Peute.

Eine grüne Insel zum Träumen. Für Angler, Bootsfahrer, Hausboot-Enthusiasten und Kleingartenfreunde, denn die Billerhuder Insel ist die Heimat vieler Schrebergärten und Bootshäuser. Grachtencharme mitten in der Stadt: An den Stegen dümpeln Kähne, Hausboote liegen verträumt unter Weidenbüschen, Paddler gleiten langsam durch die mit vielen Bäumen gesäumten Gewässer. Eine Idylle nicht weit weg von Eiffestraße und Süderstraße. Die Billerhuder Insel gehört zum Stadtteil Rothenburgsort, der im Bezirk Mitte liegt. Die schöne Insel wird im Süden vom Bullenhuser Kanal und im Norden von der Bille begrenzt. Als Hauptverkehrsstraße führt der Ausschläger Billdeich durch die Insel. Im Norden gelangen Bootsfahrer über den Rückerskanal in ein reizvolles System aus Kanälen und Bassins. Hier liegt auch ein Gebiet mit schicken Neubausiedlungen,

von viel Grün und kleinen Wanderwegen umgeben, direkt am Wasser. Hier könnte auch einmal die vom Bezirk gewünschte Siedlung von Hausbooten dauerhaft vor Anker gehen. Zurzeit verharrt der Grachtencharme noch im Dornröschenschlaf. Ein Tipp für alle, die einmal die Kanäle rund um die Billerhuder Insel erkunden wollen: Einige Wassersportvereine, wie die Biller Wassersport Schwalbe (Ausschläger Billdeich 109a), verleihen auch Kanus. Eine schöne Gelegenheit, einmal Hamburg von einer anderen Seite zu erkunden. Die heutige Besiedlung der Insel erfolgte nach den Zerstörungen durch die alliierten Luftangriffe in Zweiten Weltkrieg. Die Überlebenden aus den zerstörten Wohnungen flohen aufs Land oder zogen in Notunterkünfte und Schrebergartenhäuser auf der Billerhuder Insel.

Hamburg-Horn – vielen Hamburgern nur bekannt durch den Horner Kreisel (kleines Foto unten) und die Horner Rennbahn (kleines Foto oben). Doch Horn – im Bezirk Mitte gelegen – bietet mehr. Zum Beispiel einen großen Kleingartenpark (großes Foto links unten). Rechts daneben liegt an der bogenförmigen Manshardtstraße ein Teich namens »Horner Moor« und ein Stück weiter ein Teich namens »Schiffbeker Moor«. Drumherum große Wohnhäuser, viel Grün und auch einige Hochhäuser. Zu erkennen in der Diagonale die Autobahn 24 mit der Anschlussstelle Jenfeld. Im Norden der Autobahn dann die große Bundeswehruniversität an der Rodigallee. An dieser Allee liegt auch das Wandsbeker Gehölz im feinen Stadtteil Marienthal. Anfang des 14. Jahrhunderts wurde Horn als Dorf zum ersten Mal urkundlich erwähnt. Eine wechselvolle Geschichte folgte. Im 17. Jahrhundert

bauten hanseatische Kaufleute in Horn große Landhäuser mit ausgedehnten Gartenanlagen. Anfang des 19. Jahrhunderts wollten die französischen Besatzer Horn niederbrennen, um freies Schussfeld gegen anrückende russische Truppen zu haben. Das schlug fehl, der Ort konnte gerettet werden. Mit Hamm verbunden ist der Name des Rauhen Hauses, ein »Rettungshaus für Großstadtkinder«, das der lutherische Pastor Johann Hinrich Wichern 1833 einrichtete. Das Rauhe Haus arbeitet heute als Stiftung für die Diakonie. Die Horner Rennbahn wurde 1855 erbaut; seit 1869 wird hier das Derby ausgetragen. Horn wurde 1874 zum Hamburger Vorort und 1894 eingemeindet. Neues Vorzeigestück Horns ist der Kreisel, der, jetzt mit Ampeln ausgestattet, die Autos Richtung Wandsbek oder weiter nach Berlin leitet.

Rund um das Kreuz Autobahn 24/Schiffbeker Weg treffen Unterschiede aufeinander: Hochhäuser im Westen, Mehrfamilienhäuser, dann viele Einzelhäuser und ganz im Osten der Friedhof Öjendorf, der (großes Foto) wie ein Wald erscheint. Östlich des Schiffbeker Moores (hier wie ein runder See) liegt unterhalb der Manshardtstraße eine Einzelhaussiedlung mit Straßennamen aus dem Märchenbuch, wie Drosselbartweg, Goldelsestieg und Däumlingtwiete. Oberhalb der Manshardtstraße geht es märchenhaft weiter mit Sterntalerstraße und Rosenrotweg. Im Blick nach Norden erkennen wir auf dem großen Foto ganz links die Bundeswehr-Uni, dann das Jenfelder Moor und ganz hinten Hohenhorst. Der Schiffbeker Weg führt in Richtung Süden auf die Bundesstraße 5 (Bergedorfer Straße). Das kleine Foto oben zeigt die beiden »Ohren« der Auto-

bahnabfahrt Billstedt. Hier führt die Bundesstraße 5 (Bergedorfer Straße) mit einer Brücke über die A1. Darüber liegen die Brücken mit den Straßen Steinbeker Hauptstraße und Mümmelmannsberg. Links der Autobahn verläuft die Glinder Au, die später in die Bille mündet. Rechts der Autobahn liegt das Havighorster Moor, eine ehemalige Mülldeponie, die den westlichen Ausläufer der Boberger Niederung bildet, jedoch nicht zum Naturschutzgebiet gehört. Genau unterhalb der Autobahn verlaufen parallel die Gleise einer Güterbahn. Mittelpunkt des kleineren unteren Fotos ist der Schleemer Bach, der sich parallel zur Schleemkoppel zwischen den Bäumen schlängelt. In der Nachbarschaft liegen das Hallen- und Freibad, das Kurt-Körber-Gymnasium und ein Altenheim.

Ortszentrum, Verkehrskreuz und Einkaufszentrum – das alles findet sich um den U-Bahnhof Billstedt mit dem Billstedt Center (linkes Foto). Das Center liegt direkt am Bahnhof (oben über den Gleisen). Links davon der Schiffbeker Weg, der unten die Billstedter Hauptstraße kreuzt; von hier ist es nicht weit bis zur Bergedorfer Straße, der B 5, die zum nahen Autobahnanschluss führt. Östlich des Centers liegt der Öjendorfer Weg mit der katholischen St.-Paulus-Gemeinde. Auffallend wenig Autos stehen, als dieses Foto gemacht wurde, auf dem Oberdeck des Parkhauses am Center, das insgesamt 1300 Stellplätze aufweist. Der Stadtteil Billstedt entstand 1928 aus den drei damals in Stormarn gelegenen Dörfern Schiffbek, Öjendorf und Kirchsteinbek und gehört zum Bezirk Mitte. Heute leben knapp 70 000 Einwohner auf 17 Quadratkilo-

metern. Das rechte Foto zeigt Öjendorf und Kirchsteinbek. Nur ein paar Straßenzüge trennen dieses Foto vom linken. Hauptverkehrsader ist die Möllner Landstraße, die am Billstedt Center als Fußgängerzone beginnt und im rechten Foto im Schwenk an das Hein-Klink-Stadion führt. Hier finden die Heimspiele der SpVgg Billstedt-Horn statt – immerhin kickte hier Piotr Trochowski in seiner Jugend. Neben dem ovalen Stadion befinden sich noch zwei Fußballplätze, ein großer und ein kleiner. Unter der Möllner Landstraße verläuft der U-Bahn-Tunnel; gegenüber des Stadions liegt die U-Bahn-Station der U2, Steinfurther Allee. Oben rechts im Foto ist die Autobahn 1 (an den Hochhäusern) zu erkennen, über die der Oststeinbeker Weg mit einer Brücke führt.

Aufgereihte Baukörper als monotone Riegel in industrieller Bauweise mit langweiligen Waschbeton-Elementen – so präsentiert sich Mümmelmannsberg (rechtes Foto). Der Stadtteil wird durchzogen von Parallelstraßen; hier unten der Havighorster Redder und darüber die Straße Mümmelmannsberg, die auch mit einer Brücke über die A 1 führt. Über eine zweite Brücke führt die Steinfurther Allee, und hier wird es idyllischer. Die Glinder Au (auch »Mühlenbach« genannt) verläuft hier und bildet einen kleinen Teich, den Steinfurther Diek. Die Bewohner von Mümmelmannsberg nutzen gern diesen »Freizeitpark«. Mitte bis Ende der 70er-Jahre des vergangenen Jahrhunderts wurde die Großsiedlung mit 7200 Wohnungen für 24 000 Einwohner errichtet. Federführend war das Gewerkschaftsunternehmen Neue Heimat. Etliche Kosenamen gibt es schon für diesen Stadtteil: »Bunny-

hill«, »Mümmelberg« oder auch »M-Town« sind gebräuchlich. Mümmelmannsberg gehört zu Billstedt. Mümmelmannsberg geriet im Jahr 2006 in die Schlagzeilen, weil für eine ZDF-Produktion Jugendliche bezahlt wurden. Sie sollten Bandenkriminalität schauspielerisch darstellen, um ein Bild eines »Großstadtghettos« zu vermitteln. Ein Katzensprung (oder eine Autobahnausfahrt weiter) entfernt liegt der Öjendofer See (linkes Foto), heute ein echtes Naturparadies im Öjendorfer Park. Der See ist künstlich bei der Kiesgewinnung entstanden und wird mit Wasser aus Quellen und dem Schleemer Bach gespeist. Die Umgestaltung zu einem parkartigen Gelände begann Ende der 50er-Jahre des vergangenen Jahrhunderts. Es gibt im Norden ein Vogelschutzgebiet und zwei kleine Sandstrände an den Badestellen. Durch das Waldgebiet (im Foto links) führen Wanderwege.

Viel Grün, Hochhäuser, Weiden und Wiesen lassen die Stadtteile Boberg und Lohbrügge im Bezirk Bergedorf wie ein Patchwork erscheinen. Prägend für Boberg ist das Berufsgenossenschaftliche Unfallkrankenhaus in den Boberger Dünen unterhalb der Bergedorfer Straße (linkes Foto). Es ist bundesweit bekannt für Wiederherstellungschirurgie, die Betreuung schwer Brandverletzter und die Behandlung Querschnittgelähmter. Gut zu erkennen ist links der Hubschrauberlandeplatz. Östlich des Krankenhauses führt die Mendelstraße in Richtung Landesgrenze: Dann beginnt Schleswig-Holstein mit Weiden, Wiesen und Ackerland. Den Kern von Lohbrügge zeigt das rechte Foto. Unten die Fachhochschule, darüber die Erlöserkirche mit einem Friedhof und links das Gehölz Sander Tannen. Im Knick der Sander Tannen liegt die St.-Christopho-

rus-Kirche. Hauptverkehrsader in Lohbrügge ist der Sanderdamm (rechts unten) vom Bergedorfer Zentrum kommend, der sich bis zum Lohbrügger Marktplatz hoch schlängelt. Dann folgen Beckerkamp und Habermannstraße. Rechts davon liegt das Grüngebiet Ellerholz und versteckt die Bille mit einem schönen Wanderweg. Dahinter beginnt wieder Schleswig-Holstein (mit Wentorf). Ganz links oben die Hochhäuser an der Korachstraße mit ihren charakteristisch spitzen Dächern. Unterhalb dieser weißen Häuser befindet sich das Grüne Zentrum mit einem Teich, Spielplätzen, einer Minigolfanlage, Wanderwegen und einer schönen Voliere. Und am Binnenfeldredder liegt die Wilhelm-Lindemann-Sportanlage. Lindemann war von 1962 bis 1978 Bezirksamtsleiter in Bergedorf – oder besser gesagt: Bezirks-»Bürgermeister«.

Nördlich der S-Bahn-Linie fädeln sich oberhalb der Station Nettelnburg die Stadtteile Bergedorf-West (linkes Foto) und Lohbrügge-Süd auf. So heißt die Hochhausgruppe mit den grauen Dächern auch Siedlung Bergedorf-West. Der Ladenbeker Furtweg und der Friedrich-Frank-Bogen führen hindurch. Die Großwohnsiedlung mit Hochhäusern und Mehrfamilienhäusern mit dem Gewerbeschulzentrum entstand Anfang der 70er-Jahre des vorigen Jahrhunderts. Westlich der Siedlung liegt eine Kleingartenanlage. An der S-Bahn-Station befinden sich das Ladenzentrum, Kinderheime und die Christophorus-Kirche. Am S-Bahnhof beginnt der Nettelnburger Landweg, der südlich auf die Autobahn 25 führt. Oben im linken Foto ist die Sportanlage Sander Tannen zu sehen. Gleich darunter verläuft die Bille, die hier nur als Teich zu erkennen ist. Auf

dem rechten Foto teilt die S-Bahn-Linie das Zentrum von Bergedorf von Lohbrügge. Südlich des Bahnhofs (hier auch die Baustelle) führt der Sanderdamm nach links unter den Gleisen durch nach Lohbrügge. Prägend in vielfacher Hinsicht sind hier die Hauni-Werke an der Kurt-A.-Körber-Chaussee, benannt nach ihrem Gründer. Körber (1909 bis 1992) war Ingenieur, Industrieller und Mäzen. Er meldete mehr als 200 Patente an und gründete 1946 die Maschinenfabrik Hauni (Hanseatische Universelle), die ein führender Konzern für Tabak- und Werkzeugmaschinen wurde. Nördlich der Hauni-Werke liegt die Fachhochschule. Ganz oben im Foto der Krähenwald, der schon zu Schleswig-Holstein gehört. Neben dem Krähenwald liegt ein großes Feld, auf dem Getreide angebaut wird, unmittelbar dahinter beginnt schon die Ortschaft Reinbek.

Aus dem Boden gestampft auf grüner Wiese, 123 Hektar groß, nach einem wellenförmig aufgelösten Schachbrettmuster angelegt und von Kanälen und Fleeten durchzogen – so präsentiert sich (auf dem großen Foto) Neu-Allermöhe Ost. Ein- und Mehrfamilienhäuser – alle mit hübschen roten Dächern – prägen die Siedlung, die nach einem Stadtentwicklungsmodell einer »modernen Gartenstadt« aus den 70er-Jahren des vergangenen Jahrhunderts dann in den 90er-Jahren entstand. Die Fleete folgen holländischen Vorbildern; das Grün der Baumgruppen ist auf die Außenräume abgestimmt. Eigentlich sollten in dem riesigen Neubaugebiet mal Tausende von Menschen wohnen, doch nach vielen Änderungen wurden »nur« knapp 400 Wohneinheiten unter den Themen »Wohnen am Wasser« und »Ökologisches Bauen« errichtet. Mit den

Schlagworten und einer besonders geringen Baudichte wollte man damals die Stadtflucht junger Familien in den Speckgürtel außerhalb Hamburgs stoppen. Inzwischen hat sich das künstlich erschaffene Quartier ganz natürlich zu einem hübschen Viertel entwickelt – und das benachbarte Neu-Allermöhe West wurde als neues, großes Wohnungsbauvorhaben aufgelegt. Allermöhe ist über Nettelnburg mit dem Stadtteil Bergedorf verbunden. Ein paar Kilometer östlich von Allermöhe wird das Wohnen allerdings richtig ungemütlich: Hier befindet sich das Gefängnis Billwerder. Für knapp 800 Häftlinge gebaut und von einem fast zwei Kilometer langen Wassergraben umgeben. Das alte Straßendorf Allermöhe (kleines Foto unten links) liegt seit dem 12. Jahrhundert längs des Deiches an der Dove-Elbe.

Bergedorf – einmal aus der (ungewohnten) Blickrichtung Süden (rechtes Foto). Ungewohnt, denn die Schmuckstücke des Städtchens wie das Schloss stehen nicht im Vordergrund, sondern Industriebetriebe. Links auf dem Foto ist der Schleusengraben, der auf den größten Klotz der Stadt führt, das 1973 erbaute Einkaufszentrum Bergedorf CCB (City Center Bergedorf). Doch die wahre City befindet sich ein paar Schritte weiter: Am alten Bille-Hafen Serrahn liegen die Kirche St. Petri und Pauli (auch auf dem kleinen Foto unten links), die sehenswerte Fußgänger- und Einkaufszone Sachsentor und natürlich: das Schloss! Vor 650 Jahren zum ersten Mal urkundlich erwähnt, später mehrfach umgebaut. Ist es doch die einzige mittelalterliche Burganlage innerhalb der Stadtgrenzen Hamburgs. Hier residierten die Herzöge von Sachsen-Lauenburg. Das Schloss ist (mit seinem heuti-

gen Museum) wirklich sehenswert – auch weil sich die wahre City Bergedorfs gemütlich zu Fuß erschließen lässt. Unten auf dem Foto (rechts neben dem Schleusenkanal) finden sich große Gewerbebetriebe, der dreieckige Frascatiplatz und der Curslacker Neue Deich, eine Hauptverkehrsader, auf der man zum nahen Autobahnanschluss Bergedorf kommt. Links die S-Bahn-Linie, die in ein ausgedehntes Waldgebiet führt. Ein ganz anderes Bergedorf befindet sich in Nettelnburg (Foto links oben) – eine Gartenstadt mit gut 6000 Einwohnern, geprägt von Einzel- und Doppelhäusern mit grauen Dächern. In den 20er-Jahren des vorigen Jahrhunderts entstand die Siedlung auf der Fläche des ehemaligen Guts Nettelnburg. Der Entwurf stammt vom Architekten F. Winterfeldt. Seit dem Bau der Marschenautobahn 25 hat sich der dörfliche Charakter gewandelt.

Hamburg, ganz im Osten, kurz vor der Stadtgrenze: Marschland an der Elbe und stolze Siedlungen. Hier liegen das städtisch geprägte Bergedorf (kleine Fotos) und die sehr ländlich orientierten Vierlande. Das große Foto zeigt das Nordufer der Elbe mit dem breiten Deichvorland, das bei der Elbeflut im Jahre 2002 überschwemmt war. In der Bildmitte liegt rechts der breiten Straße Altengamme. Die breite Straße heißt passenderweise Neuengammer Hauptdeich und dann Altengammer Hauptdeich. Und oben im Foto (eigentlich weiter östlich) finden sich nur die Marschländer zurecht. Dort liegt Borghost. Die Landesgrenze von Hamburg zu Schleswig-Holstein und Niedersachsen verläuft stromab der Insel »Großer Werder«, dessen Spitze als Zipfel ganz rechts oben erscheint. Ja: Ein bisschen sollte man sich schon auskennen, bevor man sich ins Reich der stolzen Marschländer be-

gibt. Hamburg und alles Städtische sind eben weit weg. Das gilt auch für Bergedorf, das kleine liebenswerte Städtchen, das sich gern als »richtige Stadt« vermarkten will. Ist es ja auch! Und das besonders für die Alteingesessenen in den Villenvierteln (kleines Foto oben links). Beste Aussichten hat man auch vom Geesthang in den Himmel: Hier liegt die Bergedorfer Sternwarte (kleines Foto oben rechts), die einen Besuch wert ist. Das untere kleine Foto zeigt den östlichen Teil Bergedorfs, der von der Bundesstraße 5, die nach Berlin führt, geprägt ist. Nördlich der B5 stehen viele Mietshäuser, noch mit schönen roten Dächern aus Pfannen. Das Städtchen wurde 1162 zum ersten Mal schriftlich als »Bergerdorp« erwähnt, ist heute einer von sieben Hamburger Bezirken und hat knapp 120 000 Einwohner.

So schön ländlich kann die Elbe in Hamburg doch nur bei Zollenspieker im Bezirk Bergedorf sein! Der Anleger am Zollenspieker Fährhaus hat sich im Sommer zu einem beliebten Treffpunkt für Hamburger, Touristen und besonders Motorradfahrer entwickelt. Hunderte treffen sich hier an sonnigen Tagen. Von hier aus setzt man mit der Autofähre nach Niedersachsen über. Eine Möglichkeit, die Kurzausflügler immer häufiger nutzen. Das Südufer der Elbe stromauf der Ilmenaumündung bietet tatsächlich einen kleinen Sandstrand und Freizeitmöglichkeiten vor allem für Wassersportler, Angler, Sonnenanbeter und auch Rucksacktouristen, die die Naturoase für eine Ruhepause nutzen. Noch ein touristisches Vergnügen hat seinen Ursprung im niedersächsischen Hoopte, das gegenüber des Zollenspieker Hauptdeiches liegt: das sogenannte Stintfieber, wenn die kleinen Fische gebacken in den Restaurants als

Delikatesse verkauft werden. Denn die Stinte ziehen im Frühjahr zum Laichen in die Elbe und werden hier in Massen gefangen. Zum »Fieber« kommt es, weil die Restaurants dann Wochen im voraus ausgebucht sind. Doch auch der weitere Verlauf des Elbufers stromauf ist – besonders für Radler – reizvoll: Westlich von Zollenspieker liegt das Naturschutzgebiet; auf der Südseite liegt stromauf die Winsener Marsch mit Laßrönne. Die KZ-Gedenkstätte Neuengamme (links oben) am Jean-Dolidier-Weg 75 erinnert an die mehr als 100 000 Menschen, die während des Zweiten Weltkriegs in dem größten Konzentrationslager Nordwestdeutschlands inhaftiert waren. Auch das Straßendorf Neuengamme (links unten) lohnt einen Besuch. Im Mittelpunkt steht hier die St.-Johannis-Kirche, ein mittelalterlicher Backsteinbau. Neuengamme gehört mit Curslack, Altengamme und Kirchwerder zu den Vierlanden.

Ein bisschen flapsig, aber doch liebenswert erklärt der Name »Rentnerbucht« eigentlich alles: So bezeichnen Skipper die Tatenberger Bucht, auf dem großen Foto mit den Inseln zu erkennen. In Tatenberg – im Verlauf der Dove-Elbe – liegt eine der reizvollsten Wasserlandschaften Hamburgs. Das Wasser steht meist still, weil die Schleuse den Elbstrom mildert (und den angeblichen Rentnern das Manövrieren erleichtert). Die Wahrheit ist: Das Wasserparadies hat schon fast königliches Format, und es wird genutzt von Freizeitkapitänen, Ruderern, Kanuten und auch Wanderern an den Ufern. Ganz rechts im Foto noch gerade zu erkennen: der Eichbaumsee, ein »Wasserpark« und damit ein beliebtes Ziel im Sommer für Badegäste. Einzige Störung: der Lärm der nahen Autobahn 25, die jedoch mit der Abfahrt Allermöhe die Anreise in das Wasserparadies erleichtert. Hinter der Autobahn (hier im gro-

ßen Foto rechts oben) liegt das Gewerbegebiet Mittlerer Landweg und das große Postfrachtzentrum. Unterhalb der »Rentnerbucht« liegen der riesige Kleingartenpark, die Stadtteile Spadenland und Ochsenwerder sowie der Jachthafen Tatenberg und die Tatenberger Schleuse. Oberhalb der Schleuse findet man den Ort Moorfleet (linkes Foto) – der nichts mit einem Moor zu tun hat, sondern in der Marschlandschaft liegt. Der Name hat sich aus der uralten Bezeichnung »Morenvliet« entwickelt. Moorfleet steht auch für einen der größten Umweltskandale Hamburgs: Hunderte von Bewohnern mussten in den 80er-Jahren ihre mit Arsen, Cadmium und Dioxinen vergifteten Grundstücke verlassen. Auf dem Foto ist die Moorfleeter Kirche zu sehen. An dieser Stelle wurde erstmals 1331 eine Kirche erwähnt. Der neugotische Turm entstand 1888 anstelle des alten Holzturms.

Boberg, an der Bundesstraße 5 im Bezirk Bergedorf gelegen, hat mehrere Attraktionen: erstens den Segelflughafen, hier links im Foto, und gleich daneben, zweitens, die Boberger Dünen, das letzte Stück einer einst breiten Binnendünenlandschaft, die am Rande des Elbe-Urstomtals zwischen Kirchsteinbek und Bergedorf im Naturschutzgebiet Boberger Niederung liegt. Der Hamburger Verein für Luftfahrt bietet auf dem Flugplatz Interessierten zehn Schnupperflüge an. Wer Spaß daran findet, kann hier dann das Segelfliegen lernen. Von April bis September starten täglich die Flugzeuge. Wer auf dem Boden bleiben möchte, findet in den Dünen eine einzigartige Flora und Fauna: Hamburgs einzige Wanderdüne, die man in gut anderthalb Stunden selbst durchwandern kann. Man findet vier Natur-Infowege, umgeben von Heidelandschaft und Marschwiesen. Vom Berliner Tor

bis nach Bergedorf erstreckte sich ursprünglich eine bis zu 30 Meter hohe Dünenlandschaft, die durch die Winde am Nordufer des früheren Elbe-Urstromtals entstanden war. Der Sand wurde im 19. und 20. Jahrhundert für den Bau genutzt – nur die Boberger Düne blieb übrig, weil man sich Ende der 20er-Jahre des vorigen Jahrhunderts nicht über den Sandpreis einigen konnte. Zum Naturschutzgebiet wurden 350 Hektar davon im Jahre 1991. Seltene und bedrohte Tier- und Pflanzenarten machen die Dünen zu einem der naturkundlich wertvollsten Gebiete Hamburgs. Hier lebt die Beutelmeise ebenso wie verschiedene Spechtarten, der Pirol und Orchideen wie die Sumpf-Stendelwurz. Und: Das größte Vorkommen von Nachtigallen in Hamburg findet sich hier ebenfalls. Rechts oben auf dem Foto sehen wir den im Jahr 1233 erstmals erwähnten Ort Boberg.

DER SÜDEN VON HARBURG BIS FISCHBEK

Der »Sprung nach Süden« ist der Hansestadt Hamburg auf dem Luftwege schon gelungen. Das Airbus-Werk (Foto) hat auf Finkenwerder ein ganzes Gebiet umgekrempelt. Doch der Süden bietet mehr als den Platz für die von der Politik gewünschte Ausbreitung der Stadt Hamburg: von den ländlichen Gebieten nahe der Nordheide über die Harburger Berge bis in das Zentrum Harburgs und die Obstanbaugebiete an der Elbe. Das spannendste Gebiet ist sicher um den Harburger Binnenhafen zu finden. Hier zeigt sich die Entwicklung über eine neue Architektur, mit Bauten, die dem Quartier ein Gesicht geben. Die eigentliche Zukunft im Süden wird jedoch nicht im Schönheitswettbewerb, sondern ganz schlicht auf der Straße entschieden: mit neuen Verkehrswegen – Autobahnen und Ortsumgehungen.

Auch das ist Hamburg – zwar nur gerade so eben noch, aber dafür umso interessanter: Der Stadtteil Cranz liegt innerhalb der Landesgrenzen Hamburgs, nämlich im Bezirk Harburg. Der östlichste Teil des Alten Landes ist ein beliebtes Ausflugsziel: zu Wasser und zu Lande. Bei Cranz mündet die Este in die Elbe. Auf diesem kleinen Nebenfluss kann man schöne Bootstouren machen. Von Cranz gehen Fähren nach Blankenese. Die weißen Häuser von Blankenese kann man am Nordufer der Elbe erkennen. Westlich des Este-Sperrwerkes liegt die Sietas-Werft. Die Este fließt hier durch das Obstmarschengebiet, das mit seinen landschaftlich reizvoll gelegenen Straßen und Wegen die Ausflügler lockt. Links auf dem Foto kann man den Estebogen erkennen. Vorn sieht man den Ort Nincoperort mit der dahinter liegenden Kleingarten-

anlage. Die Straße unten im Foto heißt erst Neuenfelder, dann Nincoper Straße; an einem Teilstück verläuft die Landesgrenze. Links im Foto sind die Elbinseln Schweine- und Neßsand zu erkennen. Hier liegt ein Naturschutzgebiet. Das kleine Foto oben zeigt Finkenwerder mit dem Köhlfleet und dem Kutterhafen. An der östlichen Hafenmole liegen das Nautische Zentrum, das Lotsenhaus und ein Leuchtturm. Am kleinen Hafen stromab finden sich die Seemannsschule und ein Sportplatz, der – ganz klar! – nur Gorch-Fock-Sportplatz heißen kann. Zwischen Finkenwerder und Cranz liegt das Gelände von Airbus; hier ist der westliche Teil neben dem Mühlenberger Loch mit der Flugzeugwerft zu sehen. Die drei großen Flugzeuge auf dem Rollfeld sind vom Typ A 380.

Harburg ist von Gleisen, Brücken, Autobahn, Hafenanlagen und Straßen durchzogen. Ein Kern (großes Foto) ist als Oval zu erkennen: Wie ein Dreieck ragt der Alte Friedhof als Baumlandschaft im Foto rechts in das Oval herein, das der Harburger Ring und die Harburger Rathausstraße (mit Rathaus) bilden. Oben im Foto verlaufen die Bahngleise. Rechts ist das Phoenix-Center teilweise zu sehen, daneben verläuft die Walter-Dudek-Brücke über die Gleise. Nach links geht die Buxtehuder Straße ab. Hier steht als neue Landmarke der Channel Tower am Harburger Hafen; dahinter verläuft der Schellerdamm und der Harburger Binnenhafen (kleines Foto oben) – ein Viertel mit imposanten Neu- und Umbauten, das sich Anfang des neuen Jahrtausends gut entwickelt hat. So wurde das alte Silo zu einem Bürogebäude umgebaut. Im Harbur-

ger Binnenhafen – an der Schlossinsel – liegen auch Traditionsschiffe, die den Eindruck erwecken, in einem Museumshafen zu sein. Für Skipper ist der Hafen eine Perle, denn die Schiffe können in einem tidefreien Hafenbecken direkt vor die Werkstatttür fahren. Auf der Schlossinsel (hier der Blick von Norden) steht das Harburger Schloss, von dem nur noch ein Seitenflügel stark verändert erhalten ist. Doch Kellergewölbe und Teile der Außenmauern sind wahrscheinlich aus dem 14. Jahrhundert. Das untere kleine Foto zeigt das Phoenix-Center, heute ein Einkaufszentrum mit 110 Geschäften auf einer Verkaufsfläche von mehr als 25 000 Quadratmetern und 1600 überdachten Parkplätzen. Das Center ist über vier Autobahnen und drei Bundesstraßen zu erreichen.

Im Norden ist noch die Autobahn 253, die Harburger Umgehung, zu erkennen, die nach Westen hin zur Bundesstraße 75 wird. Doch südlich davon beginnt die Idylle (großes Foto): Der Außenmühlenteich ist flach, gestaut und in anderthalb Stunden zu umrunden. Anlaufpunkt für sommerliche Freizeit ist das Freibad MidSommerland (das helle Gebäude am rechten Ufer), das die Erinnerung an Schweden-Urlaube lebendig werden lässt. Es gilt als Hamburgs schönstes Freibad, mit Wildwasserfall, Sauna-Dorf, Therme und einem 20 Meter langen Außenbecken. Es hat das ganze Jahr über geöffnet. Im Osten des Außenmühlenteiches liegen Kleingartenanlagen; der bewaldete Westen bildet den Harburger Stadtpark, mit dem Sportplatz unten am Marmstorfer Weg. Ein wenig darüber liegen Tennisplätze, der Schulgarten und ein Gymnastikrasen mit Tanzplatz. Unten im

großen Foto ist das helle Dach der Elbe-Werkstätten am Nymphenweg zu erkennen. Hier (»Elbe 1«) finden 240 Menschen mit Behinderungen einen Arbeitsplatz in der Näherei, Großküche oder Gartenpflege. In der klotzigen Hochhaussiedlung Kirchdorf-Süd (kleines Foto oben) an der Autobahnraststätte Stillhorn (rechts) wohnen mehr als 5000 Menschen. Viel wird gemacht, um die Lebens- und Wohnverhältnisse zu verbessern; so gibt es ein Dienstleistungszentrum mit einer Postdienststelle, einem Schreibservice und einem Café. Und 40 Bewohner haben sich 2003 in einem Verein organisiert, bieten zum Beispiel ein Kinderbistro an. Das kleine Foto unten zeigt den Schnittpunkt der Autobahn 7 an der Anschlussstelle Heimfeld und der Bundesstraße 73 (Stader Straße) und den Bahngleisen. Nördlich davon liegt das Industriegebiet.

Die Kamera (linkes Foto) befindet sich über dem Autobahndreieck Südwest, der Blick geht nach Nordost und fällt auf Marmstorf, einen Hamburger Stadtteil im Bezirk Harburg. Attraktion und Mittelpunkt ist der Außenmühlenteich in der linken Bildhälfte. Daneben liegt nicht nur der Harburger Stadtpark, sondern auch der Sportplatz Außenmühle, der Harburger Schulgarten, die Berufsbildungsstätten, ein Kinderheim, ein Freilichttheater und noch ein Sportplatz. In Marmstorf wechseln sich die unterschiedlichsten Siedlungsformen ab: Vom Hochhausquartier am Ernst-Bergeest-Weg, das in den 60er-Jahren gebaut wurde, bis zum historischen Ortskern mit Kopfsteinpflaster. Der Ort ist knapp sechs Quadratkilometer groß und hat fast 9000 Einwohner. Im Foto oben links zu erkennen ist Harburg. Das rechte Foto zeigt den Harburger Ortsteil Langenbek an

der ehemaligen Bundesstraße 4, die hier Winsener Straße heißt und im Foto diagonal von den Hochhäusern in die rechte untere Bildhälfte führt. Es ist die einzige Durchgangsstraße, sonst gibt es im Ortskern nur Siedlungsstraßen. Mehrfamilienhäuser prägen den Ort, der mit verschlungenen Straßen auf dem Reißbrett entstanden ist. Langenbek ist mit einer Größe von 0,8 Quadratkilometern der drittkleinste Stadtteil Hamburgs – nach Hoheluft-Ost und -West. Die Siedlungen sind lange mit Grün eingewachsen. In der Mitte des Fotos ist ein kleiner Wald zu erkennen. Hier zwischen dem Blättnerring und dem Buchholzer Weg liegt ein Grabhügel aus der Bronzezeit, der in den 50er-Jahren entdeckt und 1999 als archäologisches Denkmal in die Denkmalliste aufgenommen wurde.

Die Autobahn 7 ist zwar nur in paar Hundert Meter entfernt, doch liegt die Siedlung am Immanuel-Kant-Gymnasium (IKG) in Marmstorf (linkes Foto) schon etwas versteckt. Das Gymnasium ist eine Europaschule mit mehr als 600 Schülern. Die hellen Schulgebäude sind unten im Foto neben dem Feld zu finden. Neben der Ausrichtung auf Europa werden hier auch Arbeitsgemeinschaften in ungewöhnlichen Sparten angeboten: Einradfahren, Golf, Robotik und Current political issues. Auf dem Foto verläuft unterhalb der Schule der Rüterskamp, oberhalb der Sinstorfer Weg, der nach rechts auf den Langenbeker Weg führt. Und in der Mitte des Fotos quert der Osterfeldweg die Siedlung. Ganz rechts ist ein Kleingartengelände, das der Leuchtkäferweg vom IKG-Schulgelände trennt. Hinten im Foto, hinter den Bäumen zu erahnen, liegt die Winsener Straße.

In Eißendorf hingegen (rechtes Foto) gibt es Durchgangsstraßen, die bekannteste ist der Ehestorfer Weg, im Foto über dem roten Sportplatz. Nach rechts knickt die Straße ab und heißt dann Eißendorfer Straße, die bis in das Harburger Zentrum führt. Links oben im Foto erkennt man den Hamburger Staatsforst. Am Rande liegen Tennisplätze und ein Schießstand; schließlich wird im Süden Hamburgs der Schützensport (wie auch die Schützenfeste) gepflegt. Darunter wieder ein Sportplatz am Vahrenwinkelweg, der direkt an den Wald grenzt und auf den Ehestorfer Weg führt. Im Foto unterhalb des roten Sportplatzes liegen die Kleine Straße und die Große Straße, die bis in den linken unteren Bildrand reicht. Eißendorf grenzt an die Harburger Berge und ist einer der hügeligsten Stadtteile Hamburgs.

Neuwiedenthal galt lange Zeit als eine Siedlung mit sozialen Brennpunkten, als ein Problemfall mit vermüllten Ecken, Gewalt und Zerstörungen. In der nur einen Quadratkilometer großen Siedlung, die zu den Stadtteilen Hausbruch und Neugraben-Fischbek gehört, sieht es heute anders aus. Das Engagement besonders für die jungen Menschen ist groß. Jeder vierte der 13 500 Einwohner ist unter 18 Jahre alt. 2003 haben sich Wohnungsunternehmen und die Vermietungsgesellschaft eines Einkaufszentrums zum Stadtteilmarketing zusammengeschlossen, finanziell unterstützt durch die Behörde für Stadtentwicklung und Umwelt. Mit Feiern und Festen, einem Bürgerpreis, einer Stadtteilzeitung und weiteren Aktionen soll das »nachbarschaftliche Zusammenleben und die Kommunikation im Stadtteil gestärkt sowie die Vorzüge des Wohngebiets und

sein spezielles Profil herausgearbeitet werden«. Prägenden – und teilenden – Charakter haben die S-Bahn-Linie und die fast parallel dazu verlaufende Bundesstraße 73, die Cuxhavener Straße, im Foto quer verlaufend. Im Norden steht die Hochhaussiedlung. Südlich der beiden Hauptverkehrsadern liegt das bewaldete Altwiedenthal mit alten Einzelhausvierteln. In der linken Fotomitte liegt der S-Bahnhof Neuwiedenthal; mit einem Schlenker geht der Rehrsteig unter den Gleisen nach Norden in das Hochhausgebiet. Im linken oberen Rand zu erkennen: der Sportplatz neben dem großen Schulzentrum und dem Haus der Jugend. Oben quer verläuft zwischen den Hochhäusern die Neuwiedenthaler Straße. Ganz oben im Foto sind die Grünflächen der Marsch am Moorburger Hinterdeich zu erkennen.

Der Blick auf Neugraben-Fischbek zeigt, wie die Gleise der S-Bahn auch hier eine Grenze bilden (Foto rechts). Nördlich liegen flache Feuchtgebiete und das Francoper Moor. Der Moorgürtel gilt als eines der wenigen Rückzugsgebiete des Wachtelkönigs. Weil er hier brütet, wurden schon Bauvorhaben gestoppt, etwa der Bau der A26. Im südlichen Teil erkennen wir links die Fischbeker Heide, eine Lüneburger Heide im Kleinformat. Rechts Teile der Falkenbergsiedlung, ein Viertel mit vielen Einzelhäusern, liebevoll gepflegten Gärten und Bäumen. Einst waren es Behelfsheime, heute steht die Siedlung unter Milieuschutz. Die Siedlergemeinschaft Falkenberg, ein Verein, der 1946 gegründet wurde, arbeitet heute noch. Neugraben-Fischbek ist der Stadtteil, der am weitesten im Südwesten Hamburgs liegt. Bis 1937 waren beide Teile eigenständige Dörfer. Heute gehört Neugra-

ben-Fischbek zum Bezirk Harburg. Nördlich des Neugrabener Bahnhofs soll ein 65 Hektar großes Neubaugebiet (»NF 65«) mit 1000 Wohneinheiten entstehen. Die ersten Erschließungsstraßen (noch ohne Namen) sind auf dem linken Foto gut zu erkennen. Einzel-, Doppel- und Reihenhäuser sind vorgesehen, doch das Projekt zwischen Bahngleisen und Moorgürtel kommt noch nicht so richtig voran. Jenseits der Bahn (linkes Foto) erkennt man die roten Tennisplätze, genau gegenüber liegt an der Straße Fischbeker Moor die Gesamtschule Fischbek, die als »Schule mit vorbildlicher Berufsorientierung« ausgezeichnet wurde. Hier können die Schüler nach ihren Interessen und Neigungen individuelle Schwerpunkte setzen und zusätzlich zu den Pflichtfächern Modedesign oder Informationstechnische Bildung belegen. Östlich der Schule liegen Geschäfte und ein Baumarkt.

IM WESTEN JENSEITS DER STADTGRENZE

Im Westen kommt man nach Rellingen, Halstenbek, Pinneberg, Elmshorn, Glückstadt und Itzehoe – Ortschaften, die längst nicht mehr nur Schlafstädte oder Pendlerburgen sind. Jenseits der westlichen Landesgrenze von Hamburg entstanden idyllische Wohngebiete, kleine Zentren, die attraktiv genug für alle sind, die nicht nur das berühmte »Häuschen im Grünen« suchen. Die Natur findet sich dann meist in der Nähe. Der Westen hat noch weitere Attraktionen: das nahe Elbufer mit der Möglichkeit, Entspannung am großen Strom zu finden. Und schon wenige Kilometer außerhalb Hamburgs beginnt eine Region, in der man Urlaub machen kann.

Wedel – das ist Musik in den Ohren vieler Menschen. Zu allererst in den Ohren der Seefahrer, die an der Schiffsbegrüßungsanlage »Willkomm Höft« bei der Einfahrt Richtung Hamburg jeweils ihre Nationalhymne hören. Der Ort hat bei Freizeitskippern auch einen guten Klang: 2000 Liegeplätze bietet der Yachthafen (kleines Foto oben); es ist der größte tidenunabhängige Sportboothafen in Nordeuropa. »Gediegen« – das Wort aus der Eigenwerbung der Ortschaft im Kreis Pinneberg trifft es wohl am besten. Man wohnt eben »gediegen« in Wedel. Der Mittelpunkt des Ortes liegt am Marktplatz (großes Foto). Vorn sehen wir die Marschlandschaft zwischen Elbufer und Stadt. Ganz rechts liegen der Rundbau einer Seniorenanlage und der (blaue) Ausläufer des Mühlenteiches. Genau dazwischen ist der Marktplatz mit der Roland-Statue. Das Wahr-

zeichen steht für die Marktgerechtigkeit und weist auf den Ochsenmarkt hin, der vom Mittelalter bis in das 18. Jahrhundert ein Großereignis mit bis zu 30 000 Tieren war. 1212 tauchte der Name Wedel zum ersten Mal urkundlich auf, zwischendurch (bis 1993) mit den Zusatz »Holstein« versehen. »Wedel« stammt vom altsächsischen Wort »Wadil« und bedeutet Furt. Damit ist die Querung des Ochsenweges durch die Wedeler Au, die den Ort von Ost nach West durchquert, gemeint. Musik ist natürlich auch das Plätschern der Elbwellen am Wedeler Strand (kleines Foto unten). Links ist noch ein Stück des Yachthafens zu erkennen; daneben die Begrüßungsanlage, in der Mitte ein Seniorenheim und rechts das Kohlekraftwerk, das 2011 vom Netz gehen soll.

Was auf den ersten Blick aus der Luft wie eine normale Stadt ohne Besonderheiten wirkt, entpuppt sich beim Hinsehen als reizvolle Kleinstadt: Uetersen, die »Rosenstadt«, hat in der Mitte den großen Mühlenteich mit dem Rosarium (Norddeutschlands größter Rosengarten) und eine »Hochzeitsinsel«, die Brautpaare gern beschreiten, denn das Rathaus liegt gegenüber, und das Heiraten ist rund um die Uhr möglich. Im Foto unten zu sehen ist der Stichhafen, der von der Pinnau abgeht; das Flüsschen ist eine Bundeswasserstraße, mündet in die Elbe und verweist auf den Landkreis Pinneberg, in dem Uetersen liegt. Am Stichhafen verläuft die Bundesstraße 431. Reizvoll ist ebenfalls das Waldgebiet »Langes Tannen« (oben im Foto) und das kleine Museum darin. Etwas mehr als elf Quadratkilometer ist Uetersen groß, hat 18 000 Einwohner und einen Namen, der aus dem Plattdeutschen

kommt: »ueterst end« heißt äußerstes Ende und bedeutet, dass der Ort am Ende der Geest am Übergang zur Haseldorfer Marsch liegt. Uetersen grenzt an die Nachbarortschaften Tornesch, Groß Nordende, Moorrege, Neuendeich und Heidgraben. In der Nähe an der B431 liegt auch Holm (kleines Foto oben), eine ländliche Gemeinde mit gut 3000 Einwohnern. Attraktionen sind hier der 27-Loch-Golfplatz und das Heimatmuseum in einer alten Scheune. Von Holm aus ist es nicht weit an die Elbe, die aus der Luft mit der Insel Lühesand (kleines Foto unten) schon fast klein wirkt, doch die vier Strommasten sind mehr als 200 Meter hoch. Vorn sehen wir die Ortschaft Hollern-Twielenfleth. Von hier aus geht eine Fähre nach Lühesand zu den dortigen Wochenendhäusern und den Zeltplätzen. Eine Insel, auf der man Norddeutschland pur findet!

Drei Buchstaben stehen für das Vorzeigeprojekt in Tornesch (großes Foto): KGS – die Klaus-Groth-Schule ist hier als Großanlage zwischen den Sportplätzen zu erkennen. Allein 80 000 Euro kostet die Skaterbahn an der Schule (1200 Schüler). Seit 2009 ist der Bau fertig. Die KGS ist eine Kooperative Gesamtschule und Ganztagsschule. Kooperative Gesamtschule heißt, dass hier die drei klassischen Schularten Hauptschule, Realschule und Gymnasium auf einem Grundstück unter einer einheitlichen organisatorischen Leitung zusammengefasst sind. Die Bücherei der Stadt Tornesch und das Jugendzentrum befinden sich ebenfalls auf dem Schulgelände. Rund um das Schulgelände liegen Wohngebiete mit Einzel-, Reihen- und Mehrfamilienhäusern. Ganz links ist der Friedhof zu erkennen. Oben im Foto verläuft die Bahnline. Tornesch hat seit 1844 einen

Bahnhof (im Foto oben links). Das Datum gilt als Geburtsstunde des Ortsteils Tornesch, denn der eigentliche Ort war Esingen. Neben den Gleisen siedelten sich Fabriken an. Heute ist die Regionalbahnstrecke ein Teil des Hamburger Verkehrsverbundes. An der Bahnlinie liegt heute unter anderem die Wellpappenfabrik (im Foto oben). 2005 erhielt Tornesch (heute: 13 000 Einwohner) das Stadtrecht. Nicht weit von Tornesch liegt Prisdorf (kleines Foto oben). Das ist eine Wohngemeinde mit 2000 Bürgern, einem Gewerbegebiet, einem Einkaufszentrum und einem Bahnhof, der eine schnelle und staufreie Reise nach Hamburg ermöglicht. Auch Appen (kleines Foto unten) hat sich von einem Bauerndorf zu einer Wohngemeinde entwickelt. Und auch hier stehen die Zeichen auf Wachstum.

Pinneberg ist eine Pendlerstadt. Aus der Luft fallen die Gleise der Bahnlinie ins Auge (linkes Foto) und die Hochhäuser. Im Halbkreis führt die vierspurige Hochstraße über die Gleise und von dort in das heutige Zentrum mit Einkaufsstraße, einem Klotz als Rathaus und der sehr schönen Drostei. Es ist das bedeutendste Denkmal des ganzen Kreises und wurde bis 1767 im Backsteinbarock errichtet. Im rechten Foto findet man die Drostei links oberhalb der roten Hochhäuser am Kopf einer Wiese. Einst Sitz des Drosten, Vertreter des dänischen Königs, ist die Drostei heute Kulturzentrum, Museum und Ausstellungsraum und wird zugleich auch als stilvolles Ambiente für Hochzeiten vermarktet. Davor liegt der Platz Dingstätte. Von hier aus verläuft die Fußgängerzone in beide Richtungen. Spuren altpinnebergerlicher Bauten findet man kaum; in der

Bahnhofstraße (rechtes Foto rechts) stehen noch einige alte Häuser. Was der Stadt heftige Kritik einbrachte: Eine bekannte TV-Autorin schrieb anno 1985 über ihre Heimatstadt Pinneberg: »unbarmherzig mit Beton übergossen« und »x-beliebige Retortenstadt«. Die Kreisstadt an der Pinnau (42 000 Einwohner) hat auch drei Autobahnanschlüsse, einen S-Bahnhof (Foto links) mit der damit verbundenen Attraktivität für die Berufspendler, die jeden Morgen nach Hamburg strömen. Die heutigen Stadtväter werben mit Hamburg: Die »weltbekannten kulturellen Einrichtungen der Metropole« lägen schließlich »vor der Tür«. Ein Bürgerentscheid (70 Prozent) brachte 1999 den Plan der Politiker zu Fall, den Marktplatz zu bebauen. Seit Jahren wird immer wieder diskutiert, den Platz umzugestalten.

Miteinander verwachsen sind sie längst – die Nachbarorte von Pinneberg: In Halstenbek (großes Foto) reichen die Wohngebiete bis an die Gleise heran, die hier diagonal verlaufen. Reihen- und Einzelhaussiedlungen bestimmen das Bild. Neben dem S-Bahnhof liegt rechts der P&R-Platz; von unten kommt die Dockenhudener Chaussee, geht unter den Gleisen durch und wird nach Norden zur Hartkirchener Chaussee. Der Kern von Halstenbek ist weiter oben im Foto – unter der Autobahn 23 – zu erkennen. Hier liegt auch die Gemeindeverwaltung. Die Baumschul-Gemeinde führt drei grüne Tannen im Wappen; bekannter ist sie jedoch durch die »Wohnmeile Halstenbek«, die direkt an der Autobahn liegt – und durch die Meldungen vom täglichen Morgenstau (»von Halstenbek bis zum Autobahndreieck«) im Verkehrsfunk. Noch bekannter allerdings wurde die Gemeinde

durch den Einsturz einer futuristischen Sporthallenkonstruktion (»Knick-Ei«). Der Ort hat heute mehr als 16 000 Einwohner und ist gut zwölf Quadratkilometer groß. Weniger Schlagzeilen macht Waldenau (kleines Foto oben), ein feines Wohngebiet, das fast dreieckig ist. Im Süden begrenzt durch die Landesstraße 103 mit einem »Ohr« als Zubringer. Rechts führt der Jappopweg nach Norden. Unten an der L 103 sehen wir noch eine Kleingartenanlage, und ganz oben ist noch ein Teil des Pinneberger Ortsteils Eggerstedt zu erkennen. Rellingen (kleines Foto unten) liegt direkt an der gleichnamigen Ausfahrt der Autobahn 23, hat im Süden ein Wohn- und im Norden ein großes Gewerbegebiet. 13 000 Bürger leben hier und sind stolz auf die achteckige Kirche, das Wahrzeichen des Ortes.

Was aus der Luft wie eine Autobahn mit den »Ohren« einer Ausfahrt wirkt (großes Foto), ist die vierspurige Landstraße 103, die westlich nach Pinneberg führt, östlich in den Hamburger Bezirk Altona. Eine Straße, die auch eine Ortschaft teilt: Schenefeld im Kreis Pinneberg. Im Nordosten befindet sich der Ortsteil Schenefeld-Siedlung. Unterhalb der Landstraße liegt das ursprüngliche Dorfzentrum mit sternförmig angelegten Straßen, das heute »Altgemeinde« genannt wird (kleines Foto oben). Zur Orientierung: Links sehen wir just oberhalb der L 103 ein Seniorenwohn- und Pflegeheim; darüber das Gymnasium und den Sportplatz. Vom »Ohr« führt nach Norden der Kiebitzweg in die Siedlung. Rechts neben dem »Ohr« liegt das Stadtzentrum Schenefeld. Es bildet seit 1991 den Ortsmittelpunkt mit mehr als 120 Geschäften auf gut 30 000 Quadratmetern und 1200 kosten-

freien Parkplätzen. Und es hat als einziges Einkaufszentrum Deutschlands eine Spielbank, die bis drei Uhr morgens geöffnet ist. Durch den Ort fließt die Düpenau, die auch im Stadtwappen dargestellt ist. Die Entwicklung der Stadt kam nach dem Ersten Weltkrieg in Schwung, als der Aufbau der Siedlung an den ehemaligen Pulverschuppen begann. Die Häuser von 1922 an der Friedrich-Ebert-Allee stehen heute noch. Nach dem Zweiten Weltkrieg nahm der Ort viele Flüchtlinge und ausgebombte Hamburger auf: ein bevorzugtes Wohngebiet im Grünen wuchs weiter. Die Bevölkerungszahlen: 909 im Jahr 1900; im Jahr 1939 schon 3009; im Jahr 1965 waren es 13 084, und im Jahr 2007 gut 18 000. Das kleine untere Foto zeigt das Baugebiet eines neuen Gewerbeparks unterhalb das alten Gewerbegebiets am Dannenkamp.

Elmshorn ist mit fast 50 000 Einwohnern die sechstgrößte Stadt in Schleswig-Holstein und die größte im Kreis Pinneberg (Foto links). Die Straßen des Ortkerns unterhalb der Bahnlinie verlaufen vielfach parallel. Das Foto zeigt einen Blick von West nach Ost. Ganz rechts ist der Krückau-Hafen zu sehen; daneben die in den 20er-Jahren des vergangenen Jahrhunderts errichteten Gebäude der »Kölln«-Flocken. Darüber liegt der Marktplatz, und auf der anderen Seite des Hafens beginnt gleich die Fußgängerzone, an der auch die St.-Nikolaikirche liegt. Unten im Foto sehen wir mit leichtem Schwung kommend die Gerberstraße, rechts daneben die neuen großen Mehrfamilienhäuser und den Anfang des 20. Jahrhunderts erbauten Wasserturm. Der Ortskern ist durchmischt mit Geschäfts- und mehrgeschossigen Wohngebäuden. Bis in die Mitte des 20. Jahrhunderts war die Krückau für größere Schiffe befahrbar und hatte große wirt-

schaftliche Bedeutung für die Stadt. Mit dem Bau des Krückausperrwerkes war dies beendet. Der Hafen hatte auch für Glückstadt (Foto rechts) einst eine große Bedeutung. Anfang des 17. Jahrhunderts ließ Christian IV., König von Dänemark und Herzog von Schleswig und Holstein, die Stadt auf einem unwirtlichen Gelände als Festungs- und Hafenstadt aus dem Boden stampfen. Die Stadt ist nach dem Ideal der italienischen Renaissance angelegt und sollte Hamburg Konkurrenz machen. Die wechselvolle Geschichte ist heute noch am Stadtbild abzulesen. Vom zentralen Marktplatz laufen sieben Radialstraßen zu den ehemaligen Festungswällen und dem Hafen. Heute ist Glückstadt auch ein touristisches Juwel mit vielen Veranstaltungen, wie den Matjeswochen, dem KulturMärz oder Oldtimertreffen. Wer es maritim, norddeutsch, kulturell und »ein büschn sutsche« mag, der ist als Tourist oder Ausflügler hier genau richtig.

Den silbernen Ritter im Stadtwappen und Geschichte zum Anfassen und Reinsetzen: Das findet man in Barmstedt (linkes Foto), gut 30 Autominuten von Hamburg entfernt im Norden des Kreises Pinneberg. Im Mittelpunkt des Interesses der Besucher liegt natürlich der Rantzauer See mit der attraktiven Schlossinsel. Das Schloss Rantzau (eigentlich ein Herrenhaus) gehört dazu, wie der Burggraben, das Schlossgefängnis und das Gerichtsschreiberhaus. Weiter am See: das Freibad (im Foto oben am See), Bootsverleih, Rhododendronpark, Minigolf- und Spielplatz. Rechts neben dem See verläuft die Straße Spitzerfurth, die zum Staatsforst Rantzau führt, der hier ein Erholungswald ist. Barmstedt präsentiert sich als liebenswerte Kleinstadt im »Holsteiner Auenland«, einer von Tourismusmanagern erfundenen Region, die mit ruhiger Atmosphäre wirbt. Die wechselvolle Geschichte des

Ortes ist mit den mächtigen Rittern von Barmstede ebenso verbunden wie mit dem Grafen zu Rantzau und dem ehemals dort weit verbreiteten Schusterhandwerk, das Barmstedt auch als »Schusterstadt« bekannt werden ließ. Auch Itzehoe (rechtes Foto) hatte ab 1180 eine Burg, auf einer Halbinsel der Störschleife gelegen. Die Schleife im Fluss wurde in den 70er-Jahren des vergangenen Jahrhunderts zugeschüttet und der Stadtkern abgerissen. Knapp 33 000 Einwohner hat die Stadt im Kreis Steinburg heute. Zu den bekanntesten Bauwerken zählen grau-schwarze Industrieruinen eines Zementwerkes an der Stör, die neben der Eisenbahnlinie liegen. Werbung macht die Stadt mit den Worten: »In der Region Itzehoe finden Sie auf faszinierende Art und Weise alles an Landschaftsformen, was das schleswig-holsteinische Binnenland an Landschaftsformen zu bieten hat.«

IM NORDEN JENSEITS DER STADTGRENZE

Aus kleinen Dörfern in der Randlage des nördlichen Hamburgs wuchsen größere Gemeinden, städtische Quartiere oder auch von Amts wegen zusammengefügte Städte. Der Speckgürtel entstand, zu dem auch Ahrensburg, Quickborn, Kaltenkirchen und Henstedt-Ulzburg gehören. Der Norden ist üppig geworden, so üppig, dass die Hansestadt Hamburg viel unternimmt, um das Abwandern besonders der jungen Familien zu stoppen. Doch das Land hinter der Stadtgrenze ist unvermindert attraktiv – besonders wenn man nicht jeden Tag mit dem Auto nach Hamburg fahren muss – und auf den verstopften Straßen hängen bleibt. Neue Zentren, wie in Norderstedt (Foto), machen die Gebiete noch lebenswerter, und der Freizeitwert der Randgemeinden steigt weiter.

Ein bunter Mix aus Einfamilien- und Reihenhäusern, mittleren Wohnanlagen und Hochhaussiedlungen – das ist Garstedt heute (großes Foto). Der Ortsteil von Norderstedt wird jedoch geprägt durch seine Mitte: die Hochhäuser an der Europaallee und das Herold Center (kleines Foto oben) am U- und Bus-Bahnhof Garstedt (obere Mitte im großen Foto). Dahinter liegt gleich das Coppernicus-Gymnasium, davor das Finanzamt und eine Integrierte Gesamtschule. Im Jahre 1900 hatte der Ort schon 1327 Einwohner. Bis 1921 war der Ort landwirtschaftlich ausgerichtet. Mit dem Bau des Flughafens Fuhlsbüttel und der Verlängerung der Hochbahnstrecke vervielfachte sich die Bewohnerzahl. Im Jahr 1924 legte ein Plan sogar deren Zahl auf 40 000 fest. Doch das war eine Fehleinschätzung. Stattdessen explodierte nach dem Zweiten Weltkrieg die bauliche Entwicklung rund um den

neuen U-Bahnhof Garstedt mit dem Herold Center. 1970, als die Vorstadtgemeinden Friedrichsgabe und Garstedt (damals beide zum Kreis Pinneberg gehörend) mit Harksheide und Glashütte (beide Kreis Stormarn) zur Stadt Norderstedt zusammengeschlossen wurden, hatte Norderstedt fast 55 000 Einwohner. Heute sind es mehr als 70 000. Im großen Foto gut zu erkennen: Vorn an den Sportplätzen führt die Ochsenzoller Straße ins Zentrum. Links geht der Friedrichsgaber Weg nach Moorbek, an den roten Dächern zu erkennen. Das kleine Foto oben zeigt das Zentrum Garstedts aus der Blickrichtung von Norden. Vor den Hochhäusern liegen große Freiflächen; die breite Straße in der rechten Bildhälfte ist die Berliner Allee. Auch Glashütte (kleines Foto unten) ist geprägt durch eine unterschiedliche Bebauung. In der Mitte des Fotos ist das Schulzentrum Süd an der Poppenbütteler Straße.

Am Flughafen Fuhlsbüttel (großes Foto) prallen die Gegensätze hörbar aufeinander: Idyllische Alleen mit kugelförmigen Bäumen, Felder, Ställe, Wiesen und Weiden, dazu ein Kleingartengebiet (vorn links). Der weite Blick aus Norden auf die Start- und Landebahn 2 am Flughafen Fuhlsbüttel zeigt das Industriegebiet Nettelkrögen, das zur schleswig-holsteinischen Stadt Norderstedt im Kreis Segeberg gehört – und die Großstadt Hamburg hinten im mittäglichen Dunst. Die Landesgrenze verläuft quer durch die Landebahn. Rechts der Landebahn liegt das Ohemoor mit der Ohechaussee, die Bundesstraße 432, die hier durch den Wald führt. Oberhalb des Flughafens liegt der Norderstedter Stadtteil Garstedt, ein uralter Siedlungsraum, der erstmals 1370 als »Garstede« erwähnt wurde. Damals war dort ein großes Waldgebiet, dessen Flur-

namen heute noch in den Straßennamen oder Teilgebietsbezeichnungen zu finden sind. So ist etwa in »Nettelkrögen« der alte Name »Nettelkröch« zu finden. Auf dem Foto liegt links der Landebahn auch Langenhorn. Langenhorn existiert mindestens seit 1332. Was wie ein Waldstück aussieht, ist eine große Einzelhaussiedlung mit vielen Bäumen. Im Norden von Norderstedt liegt der Stadtteil Friedrichsgabe (kleines Foto unten). Man blickt auf die Ulzburger Straße und das links von ihr liegende Industriegebiet, in dem sich auch der Bahnhof von Friedrichsgabe befindet. Rechts an der Ulzburger Straße liegt die Einzelhaussiedlung am Mühlenweg. In südlicher Nachbarschaft liegt östlich der Stadtteil Harksheide (kleines Foto oben). Am unteren Bildrand sind die Schul- und Sportanlagen Am Exerzierplatz zu sehen.

Familienfreundliches Wohnen – das wird in Henstedt-Ulzburg (großes Foto) sofort sichtbar: Eingebettet in Wiesen und Felder liegen die Wohnstraßen, viele sind im Rund gebaut, wie der Wöddelkamp (im Foto links), der am Wöddelteich liegt. Die schmucke Gemeinde hat heute den Charakter einer Gartenstadt in einer typisch schleswig-holsteinischen Knicklandschaft. Henstedt-Ulzburg wurde am 1. Januar 1970 durch den Zusammenschluss der alten Bauerndörfer Henstedt, Ulzburg und Götzberg gebildet. Jahrhundertelang war diese Gegend bewaldet. Doch Holz- und Holzkohlegewinnung ließen sie schrumpfen. Später kam der Torfabbau hinzu. Wie bei vielen Randgemeinden Hamburgs lockten die niedrigen Grundstückspreise, die guten Verkehrsverbindungen (und nicht zuletzt die feine Lage) Neubürger seit den 50er-Jahren des vergangenen Jahrhunderts. Die amtsfreie Großgemeinde konnte bald einen Rekord

vermelden: Sie hatte den höchsten Bevölkerungszuwachs aller Gemeinden in Schleswig-Holstein. Die Einwohnerzahl verdoppelte sich in zehn Jahren auf über 18 700 im Jahr 1980. Heute sind es rund 25 000 Menschen. Doch auch wenn weiter gebaut wird, will die Gemeinde ihren grünen Charakter bewahren: Großflächige Räume, wie die Oberalsterniederung oder der Kisdorfer Wohld, werden von Neubausiedlungen freigehalten. An der Oberalsterniederung und dem Henstedter Moor liegt der Ortsteil Rhen (kleines Foto unten). Hier befinden sich die Alsterquelle und links der Hamburger Straße der Staatsforst Rantzau. In der Ortsplanung der Randgemeinden im »Hamburger Speckgürtel« hat sich die Trennung bewährt: Wohngebiete grenzen an große Freizeitquartiere oder auch große Gewerbegebiete, wie im Gewerbegebiet Stonsdorf in Harksheide (kleines Foto oben), einem Stadtteil von Norderstedt.

Kaltenkirchen aus der Blickrichtung Nordost mit dem Schulzentrum am unteren Bildrand (großes Foto). In der Mitte der Bahnhof mit dem futuristischen Dach und der gegenüberliegenden Hamburger Straße. Rechts daneben das Gewerbegebiet und weiter hinten auf der grünen Wiese das Neubaugebiet. 20 000 Einwohner hat Kaltenkirchen heute. 1956 begann die Kleinstadt sich zu entwickeln: Der Landesplanungsrat entschied, Kaltenkirchen zum Endpunkt der Aufbauachse Hamburg Nord zu machen. 1973 erhielt Kaltenkirchen die Stadtrechte. Anfang der 80er-Jahre des vergangenen Jahrhunderts wurde die Bauleitplanung zwar eingestellt, der Ort im Kreis Segeberg wächst jedoch weiter. Heute gilt Kaltenkirchen als Mittelzentrum, was dem Schulbau zugute kommt. Über die Autobahn erreicht man Kaltenkirchen genauso gut wie mit der AKN. Lange war der Ort Ende

der 60er-Jahre in den Schlagzeilen, weil hier ein Großflughafen als Ersatz für Hamburg-Fuhlsbüttel geplant wurde. Ganz oben im Foto liegt der Freizeit- und Erholungspark mit der Holstentherme, die auch im unteren kleinen Foto zu sehen ist und der Stadt gehört. Das ist wohl die größte Touristenattraktion, mit Hotel, Palmengarten, Sauna, Wellness- und Fitnessstudio und natürlich dem Freibad. Seit der Eröffnung im Jahr 1991 kamen mehr als vier Millionen Besucher. Allein 2008 waren es 350 000 Besucher. Für die Sauna gab es das branchenhöchste Gütesiegel »Premium«. Mit einem »kleinen« Gewerbegebiet ist Ulzburg Süd (kleines Foto oben) ausgestattet. Es liegt am Staatsforst Rantzau, wo auch die Gleise der Alsternordbahn verlaufen. Ulzburg Süd entstand in großen Teilen erst in den vergangenen Jahren.

Zwei Städte im Speckgürtel. Rechts Bad Bramstedt und links Quickborn mit der im Foto diagonal verlaufenden Bundesstraße 4, der Kieler Straße. Quickborn, verkehrsgünstig an der Autobahn und auch im Grünen gelegen. Eine stolze Randgemeinde, die seit 1974 die Stadtrechte hat und gern darauf hinweist, ein »Stadtrandkern erster Ordnung mit Teilfunktion eines Unterzentrums« zu sein. 20 257 Einwohner leben hier auf 43,2072 Quadratkilometern. Doch auch ohne Bürokratie fühlen sich die Quickborner in der von Einzel- und kleinen Mehrfamilienhäusern geprägten Stadt wohl. Im Foto verlaufen rechts neben der Bundesstraße die Gleise; gleich unten rechts liegt neben dem Elsensee-Gymnasium der Bahnhof Quickborn Süd. Etwas versteckt finden wir noch ein Wahrzeichen der Stadt: Links neben der im Rund aufgebauten Eigenheimsiedlung liegt der Philosophensee, um den

sich etliche Sagen und Legenden ranken. So soll er bei Trockenheit viel Wasser führen, bei Regen wenig. Während in Quickborn Wohnen und (das ruhige) Schlafen im Vordergrund stehen, bemüht sich Bad Bramstedt (Foto rechts) als Kurort, auch Touristen anzulocken. Das Foto zeigt die Stadt aus der Blickrichtung Westen, von rechts kommt die Bundesstraße 206; die halbrunde Straße, die nach links abknickt, heißt Maienbaß. Bad Bramstedt ist halb so groß wie Quickborn und hat etwas mehr als 13 000 Einwohner. Bis nach Hamburg sind es etwas mehr als 40 Kilometer, nach Kiel und Lübeck um die 50 Kilometer. Im Zentrum (im Bild rechts) steht die Maria-Magdalenen-Kirche. Die Stadt ist von Auen durchzogen, bietet Anglern und Bootsfahrern gute Reviere, hat Golfplätze, ein Freibad, Tennisplätze und ein Fahrradwegenetz von gut 70 Kilometer Länge.

Ahrensburg, einmal von Norden aus betrachtet (großes Foto): Wir sehen die Kurve der Bahnline; vorn die Umgehungsstraße Ostring; dahinter schlängelt sich die Straße Woldenhorn zum Bahnhof. Dieser wurde bis zur Park & Ride-Anlage an der Ladestraße im Jahr 2006 für 7,1 Millionen Euro saniert, mit modernen Überdachungen versehen. Die beiden Bahnsteige wurden neu gebaut, und vier neue Aufzüge machen den Bahnhof nun barrierefrei. Nördlich des Bahnhofs (im Foto in der Mitte) ist das Zentrum von Ahrensburg mit dem Rathaus, der Stadtbücherei und einem Jugendzentrum. Das Ahrensburger Schloss liegt an der Lübecker Straße, der Verlängerung des Ostrings. Obwohl der Schlosspark an die vielbefahrene Bundesstraße grenzt, ist es prächtig anzusehen. Neben dem Zentrum beginnen gleich die Wohngebiete mit nur ganz wenigen Hochhäusern. Östlich des Stadt-

kerns liegt das Villenviertel. Damit kann man für die größte Stadt im Kreis Stormarn Werbung (»Hamburgs schöne Nachbarin«) machen. Das Schloss wurde bis 1585 von Peter Rantzau (aus einem der Uradelsgeschlechter des Landes stammend) errichtet. Das kleine Wasserschloss ist eigentlich ein Herrenhaus und gehört zu den bekanntesten Sehenswürdigkeiten Schleswig-Holsteins. Heute kommen viele Besucher und Hochzeitsgäste, denn Brautpaare können drei repräsentative Säle wie den Gartensaal mieten. Richtig schön ist es auch in Ahrensburg West (kleines Foto unten) mit allem, was dazugehört: einer Einzelhaussiedlung, dem Schulzentrum Am Heimgarten, einem Sportplatz und dem Golfplatz des Golfclubs Ahrensburg-Hamburg Am Haidschlag. Außerdem liegt hier der U-Bahnhof Ahrensburg-West – die Linie U1 hat zwei Stationen in Ahrensburg.

Die Waldgemeinde Großhansdorf liegt zwar im schleswig-holsteinischen Landkreis Stormarn, gehört aber eigentlich zur Großregion Hamburg (großes Foto). Knapp 9000 Menschen genießen hier die bevorzugte Wohnlage am Ende der U-Bahn. Der Bahnhof liegt in der Mitte des Fotos und ist, genau wie die Station Kiekut, Ziel vieler Klassenausflüge. Die Bahnlinie wird hier gequert von der Eilbergstraße, die am Staatsforst Trittau (im Foto unten links) vorbeiführt. Wald gibt es hier »vor jeder Haustür«: 180 Hektar des 1120 Hektar großen Gemeindegebietes sind bewaldet und fast ausnahmslos Landschaftsschutzgebiet. Keine Gemeinde im nördlichsten Bundesland hat mehr Wald in ihren Grenzen. In der Waldgemeinde liegt auch die Seniorenwohnanlage »Rosenhof« (im Foto unten rechts). Inoffiziell wird dieser Teil des Ortes Alt-

Großhansdorf genannt – um sich vom südlich gelegenen Ortsteil Schmalenbeck zu unterscheiden. Im 19. Jahrhundert wurde Groß-Hansdorf mit Schmalenbeck zusammengefasst, was zu dem langen Namen »Groß-Hansdorf-Schmalenbeck« führte, der sich aber nicht durchsetzen konnte. Westlich von Schmalenbeck liegt Ahrensburg-Ost (kleines Foto oben), hier die gleichnamige U-Bahn-Station und die Siedlung »Waldgut Hagen«. Der benachbarte Forst Hagen liegt in einem Naturschutzgebiet. Die Straße unten rechts im Foto heißt Meisenweg. Die südlich des Forstes gelegene Siedlung heißt »Am Hagen« (kleines Foto unten). Westlich dieser Siedlung läuft der Hopfenbach aus dem Naturschutzgebiet Stellmoor-Ahrensburger Tunneltal. Parallel dazu führt die B75 nach Hamburg-Meiendorf.

Die Lage an den Handels- und Verkehrswegen prägt die Orte Bargteheide und Bad Oldesloe (rechts). Bargteheide liegt am alten Handelsweg zwischen Hamburg und Lübeck, hat eine lange Geschichte und auch seinen unverwechselbaren Charme bewahrt. Im 12. Jahrhundert entstanden, wurde der Ort »Brektehegel« 1314 zum ersten Mal erwähnt. Der Marktort im heutigen Landkreis Stormarn war noch bis zum Anfang des 20. Jahrhunderts bekannt für die Kram-, Vieh- und Pferdemärkte. Im Foto, das von Osten aufgenommen wurde, sehen wir diagonal in der Mitte verlaufend die Bahnlinie. In der Bildmitte, wo sich die Verkehrswege abwinkeln, liegt der Ortskern mit der Bahnhofspassage. Links ist das Gewerbegebiet an der Landesstraße 89 und im Vordergrund ein feines Wohngebiet mit Bäumchen und Einzelhäuschen und der passenden Namensgebung für die Straßen: von

Mozart über Beethoven, Martin Luther bis zum unvermeidlichen Eichenweg. Auch Bad Oldesloe liegt günstig an Verkehrsachsen. Eine davon prägt dieses Foto: die vielen Gleise mit dem Bahnhof und den benachbarten Hochhäusern. Links unten neben dem Sportplatz sehen wir das Wohngebiet zwischen Amsel- und Finkenweg, darüber den Kurpark der Kreisstadt, dann den Ortskern mit Rat- und Stadthaus. Rechts oben ist ein Stück des Flusses Trave zu erkennen. Im Jahr 1151 als »Todeslo« erwähnt, wurde der Ort für seine Salzgewinnung bekannt und ein anerkanntes Sol-, Moor- und Schwefelbad – daher trägt die Stadt ab 1910 den Zusatz Bad. Aus den alten Tagen übrig sind der prächtige Kurpark und etliche herrschaftliche Villen. Heute leben hier etwas mehr als 24 000 Einwohner auf 52 Quadratkilometern.

DER OSTEN JENSEITS DER STADTGRENZE

Ehemals am Rande der Bundesrepublik gelegen, erscheint der Osten seit der Wiedervereinigung wie aus dem Ei gepellt. Idyllisches Wohnen am Rande der Stadt in schmucken Gemeinden wie hier Großensee. Zählten von jeher Orte wie Wentorf oder Reinbek zu den »feinen Adressen«, so gehören heute auch Gemeinden dazu, die ein wenig weiter von Hamburg entfernt sind. Wie man unschwer an den neuen Golfplätzen (hier im Foto links) erkennen kann. Wer hier wohnt und in Hamburg arbeitet, der fährt abends auf dem Weg nach Hause zwar ein paar Kilometer mehr, doch er fährt »jeden Tag in den Urlaub« – so schön ist es hier.

Bei Geesthacht ist Schluss mit Ebbe und Flut. Die Technik lässt hier den Tidenhub des Stromes enden. Dafür sorgt ein komplexes Gebilde aus Wehr, Schleuse (hier im großen Foto), Schleusenkanal, Hafen und einer Fischtreppe, die den Aufstieg stromauf erleichtert. Die Schleuse Geesthacht ist eine Doppelkammerschleuse, die es zum Beispiel ermöglicht, vier sogenannte Europaschiffe von 1350 Tonnen gleichzeitig zu schleusen. Beide Kammern arbeiten vielfach im Verbund, können aber auch unabhängig voneinander betrieben werden. Anlass für die Schleuse ist der Ausbau der Unterelbe zu einem Fahrwasser für den größten deutschen Seehafen in Hamburg. Durch den Ausbau und die Vertiefung vergrößerte sich das Fließgefälle, und der Wasserstand sank. Mit Wehr, Schleuse und Kanal bleibt der Wasserstand der Mittelelbe bis Magdeburg trotz der höheren Fließgeschwindigkeit gleich.

Über die Schleuse führt die B404, die Geesthacht mit den niedersächsischen Orten Rönne, Stove und Marschacht verbindet. Anrainer sehen den komplizierten technischen Apparat mit gemischten Gefühlen: Nach den Erfahrungen mit der großen Elbflut und den Überschwemmungen im Jahr 2002 hoffen sie, dass ein Ausbau der oberen – zum Teil noch naturnahen – Elbe ausbleibt. Attraktiv sind Börnsen (kleines Foto oben links) und Escheburg, die beide »im Lauenburgischen« liegen. Börnsen hat heute 4000 Einwohner. Man kennt sich und kommt gern zusammen. Gelegenheit dazu bieten Heimatfeste, Vereinsleben, Kirchengemeinde und Feuerwehr. Börnsen gehört wie auch Escheburg (3000 Einwohner) zum »Amt Hohe Elbgeest«. Escheburg wurde 1319 zum ersten Male urkundlich erwähnt. Die Gemeinde wirbt unter anderem mit ihrem Golfclub.

Industrie, viel Grün, das Elbufer, eine leicht hügelige Landschaft und Wohngebiete, die wie Finger in Wälder wachsen: Das ist Geesthacht, die größte Stadt des Kreises Herzogtum Lauenburg. Eine Stadt, die zur Metropolregion Hamburg zählt und doch alles bietet, was eine ländlich gelegene Kleinstadt mit knapp 30 000 Einwohnern reizvoll macht. Sei es das mehr als üppige Freibad (rechts im Foto) direkt am Elbufer, der beliebte Campingplatz, ein Hochseilgarten, die historische Dampfeisenbahn »Karoline« oder ein Wanderweg zur Osterquelle. Dazu bietet die Stadt innerhalb ihrer Grenzen noch weitere 35 Kilometer an Wanderwegen. Angeblich ist Geesthacht die reichste Stadt Schleswig-Holsteins – wegen der Steuern, die aus dem Kernkraftwerk Krümmel fließen. Doch die große Attraktion ist und bleibt die Lage direkt an der Elbe,

gleich stromauf der Staustufe, in deren Ausläufern sich die Sportboothäfen aneinander reihen. Doch auch ohne Boot kommt der Geesthachter weit, denn mit der Elbbrücke Geesthacht gibt es hier die erste feste Elbquerung nach Niedersachsen östlich der Hamburger Elbbrücken. Ein lohnendes Ziel auch für Radfahrer, die auf dem Elbradweg unterwegs sind, der durch die Kleinstadt führt. 1998 veranstaltete Geesthacht einen städtebaulichen Ideenwettbewerb, um die weitere Entwicklung der Stadt zu planen. Das Projekt »Geesthacht an die Elbe« wurde ins Leben gerufen, das den Hafenbereich mit der Innenstadt verzahnen will. So entstanden eine Aussichtsplattform und Sitzterrassen am Hafen, eine Fußgängerbrücke über das Hafenbecken und ein Sportboothafen.

Zwei Randgemeinden Hamburgs, die an die großen Waldgebiete im Osten grenzen: Reinbek (großes Foto) und Wentorf. Nach Reinbek (Kreis Stormarn) führt die S-Bahn, deren Gleise sich durch das große Foto schlängeln. Die S-Bahn-Station liegt in der Nähe des Mühlenteiches (die aufgestaute Bille), wo auch das Schloss liegt. Ein lohnendes Ausflugsziel. Links auf dem Foto liegt der Reinbeker Stadtteil Hinschendorf mit den drei strahlenförmig angelegten Straßen Kreutzkamp, Wittenkamp und Langenhege (von links). Nördlich davon befindet sich die Hamburger Straße, über die der Verkehr vom Reinbeker Redder und der B5 kommt. Mitten im Wald liegt das Krankenhaus St.-Adolf-Stift. Durch das Gehölz schlängelt sich auch (hier kaum erkennbar) die Bille. Ein kulturelles Zentrum ist das Reinbeker Schloss (kleines Foto unten). In Rein-

bek sind etliche große Firmen zu Hause, wie zum Beispiel der Rowohlt Verlag, der seinen Sitz nahe am Zentrum hat. Wentorf liegt im Kreis Herzogtum Lauenburg und ist geprägt durch Neubaugebiete (kleines Foto oben). Auf ehemaligen Kasernengeländen entstanden Wohnungen für mehrere Tausend Menschen. Hauptverkehrsader ist die Bundesstraße 207, die von Westen kommend Hamburger Landstraße, dann Berliner Landstraße heißt und diagonal durch das Foto führt. Gut an den grauen Dächern zu erkennen sind die Neubaugebiete oberhalb des Sportplatzes, die bezeichnende Straßennamen führen wie »Am Alten Exerzierplatz«. Rechts oben im Foto der Sachsenwald, darunter der Golfplatz des Wentorf-Reinbeker Golf-Clubs. Links das Bergedorfer Gehölz.

Links schlängelt sich die Bille, in der Mitte die S-Bahn, und die Häuser liegen eingebettet in viel Grün – so lässt es sich leben in Wohltorf, unterhalb von Aumühle (im rechten Foto ganz oben). Ruhe und Beschaulichkeit sind hier wohl die ersten Bürgerpflichten. Schon zu Beginn des 20. Jahrhunderts verlor Wohltorf seinen dörflichen Charakter, und es entstand nach und nach eine Villenkolonie. Weil die reizvolle Gegend so einfach über die Bahnlinie Hamburg–Berlin zu erreichen ist, verlegten Hamburger Unternehmer und Industrielle ihren Wohnort. Heute ist man mit der S-Bahn in 25 Minuten am Hamburger Hauptbahnhof. Touristen locken der nahe Sachsenwald, die idyllische Umgebung und die Abgeschiedenheit der Wanderwege; Wohltorf hat nur ein paar Restaurants und das Sachsenwaldbad Tonteich zu bieten. Das Freibad entstand 1951 und erfreut sich auch

wegen seines gesunden Wassers großer Beliebtheit. Es liegt in einer parkähnlichen Anlage. Anfang des 14. Jahrhunderts wurde der Ort zum ersten Mal urkundlich erwähnt und feierte 2008 die 700-Jahr-Feier. Heute leben auf sechs Quadratkilometern etwas mehr als 2000 Menschen. Ein paar Kilometer nordwestlich liegt Glinde (kleines Foto oben), eine Kleinstadt mit 16 000 Einwohnern. Hier herrscht Stadtleben, und das verändert sich ständig: Das größte Konversionsprojekt Schleswig-Holsteins läuft seit März 2009. Auf dem ehemaligen Bundeswehrgeräte-Hauptdepot (36 Hektar) entstehen 750 Wohneinheiten für 2000 Einwohner (auf dem Foto rechts). Der Blick auf Reinbek (kleines Foto unten) zeigt eine Siedlung von Einzel- und Mehrfamilienhäusern und das große Gewerbegebiet an der Kreisstraße 80 (Glinder Weg).

Ein Mann, ein Wald, ein Wasser! Wir sind in Aumühle beim Fürsten von Bismarck, und das gleichnamige Wasser wird in der Fabrik (linkes Foto) am Rande des Sachsenwaldes gefördert und in Flaschen gefüllt. Der Fürst schöpft aus einer Quelle, die tief unter dem Wald liegt. Aumühle und Friedrichsruh (rechtes Foto) zählen wegen der Ruhe und der klangvollen Nachbarschaft zu den exklusiven Wohnorten im Kreis Herzogtum Lauenburg.

Aumühle liegt im 68 Quadratkilometer großen Sachsenwald, dem größten Waldgebiet Schleswig-Holsteins – ein Naherholungsgebiet für die ganze Metropolregion. 1871 ehrte Kaiser Wilhelm I. Otto Fürst Bismarck und schenkte ihm den Sachsenwald, wo er fortan lebte. Als Kaiser Wilhelm II. ihn 1890 entließ, zog er sich endgültig auf seinen Landsitz Friedrichsruh zurück. Heute locken viele Sehenswürdigkeiten die Touristen, so etwa der

weiße Bismarckturm, das Bismarck-Museum, der Garten der Schmetterlinge, das Bismarck-Mausoleum, ein Lokschuppen und das schöne Sachsenwaldbad Tonteich. Bis zu seinem Tod im Jahre 1898 lebte der ehemalige Reichskanzler in Friedrichsruh – und hinterließ eine große Zahl von Gedenkstücken, die im Museum ausgestellt sind, so die »Kaiserproklamation von Versailles 1871« – aber auch seine alten Reitstiefel und etliche Geschenke, die aus aller Welt eintrafen. Der Name Friedrichsruh geht zurück auf Graf Friedrich Karl August, Edler Herr zur Lippe, Sternberg und Schwalenberg. 1763 ließ er auf dem Grund einer alten Försterei ein Jagdhaus errichten, das er Friedrichsruh nannte. Sein Name und seine Titel wurden auf einem Querbalken der Giebelwand des Fachwerkhauses eingemeißelt.

Autobahnknotenpunkt, Millioneninvestitionen und auf Zukunft eingestellt: Barsbüttel (großes Foto) liegt am Schnittpunkt der von Berlin kommenden A 24 (im Foto rechts) und der von der Ostsee kommenden A 1. An dieser Autobahn liegt quasi mit einem eigenen Anschluss Möbel Höffner, der weiße Gebäudekomplex oben. Durch den Ort schlängelt sich die Kreisstraße 24 westlich als Hauptstraße, dann als Willinghusener Landstraße, die östlich mit einer Brücke über die A 1 bis in das zu Barsbüttel gehörende Dorf Stemwarde führt. Offensichtlich ist die Lage am Knotenpunkt attraktiv. So plant BMW ein großes Gebrauchtwagenzentrum für 20 Millionen Euro und 70 neue Arbeitsplätze. Der kleine Wald auf dem Foto, nur wenige Hundert Meter vom Autobahnkreuz entfernt, heißt Ehrenhain und erinnert an die Gefallenen des Ersten Welt-

kriegs. Barsbüttel (Kreis Stormarn) wurde im 13. Jahrhundert zum ersten Mal urkundlich erwähnt. Durch den Ort fließt die Barsbek. Oben im Foto links sind noch die Ausläufer von Rahlstedt zu erkennen. Auch Schönningstedt (kleines Foto oben) entwickelt sich mit Neubaugebieten wie etwa am Kreisel. In dem Bauerndorf bei der Kreisstraße 26 und der Landstraße 314 liegt die bekannte Schönningstedter Mühle (ganz rechts im Foto), die nach einem Feuer Mitte der 90er-Jahre des vergangenen Jahrhunderts originalgetreu wieder aufgebaut wurde. Wie Schönningstedt gehört auch Neuschönningstedt (kleines Foto unten) zu Reinbek im Kreis Stormarn. Der Stadtteil liegt westlich der Oher Tannen und zählt gut 7000 Einwohner. Hier kreuzen sich die Möllner Landstraße und Haidkrugchaussee.

Das ehemalige Runddorf Stapelfeld (kleines Foto unten) hat seinen dörflichen Charakter bewahrt – ist jedoch eher wegen der nahen Müllverbrennungsanlage (an der Autobahn 1) bekannt. Stapelfeld bietet etliche Freizeitvergnügen: zwei Fußballplätze, eine Bogensportanlage und einen Tennisplatz sowie Reiterhöfe. Gut Schönau (kleines Foto oben) hingegen, das in Reinbek-Ohe unmittelbar am Sachsenwald liegt, ist für etwas ganz anderes bekannt: für die Weihnachtsbäume, die dort angebaut werden. Von allen Seiten ist das Dorf Stellau (großes Foto) im Kreis Stormarn von Wiesen, Äckern und Weiden umgeben. Stellau liegt in der Gemeinde Barsbüttel östlich von Hamburg und will vor allem eines: Dorf bleiben. Die Gaststätten heißen hier noch »Krug«; das 400 Gramm schwere Nackensteak auf der Karte heißt »Radfahrerpause«, und es wird

geboßelt (eine Art Wurfsport) wie in Friesland. Die Straßen tragen plattdeutsche Namen (»Huuskoppel«) oder als Hauptstraße den Namen des Dorfes. Tennisplatz und Reitverein sind vertreten – ebenso wie die Freiwillige Feuerwehr, eine Mehrzweckhalle und ein Kindergarten in der ehemaligen Schule. Das Dorf tauchte 1303 zum ersten Male in einer Urkunde auf, hieß damals »Stenloghe«, ein Name, der für eine sumpfige Waldniederung mit Steinen steht. In der wechselvollen Geschichte war der Herzog von Gottorf einst Eigentümer; später gehörte Stellau zu Dänemark und wurde sogar zeitweise von Russland aus regiert. 1948 schloss sich die Gemeinde mit drei anderen zum Amt Barsbüttel zusammen. In der Nähe des Dorfes entspringt der Bach Stellau, der in die Wandse fließt.

Wieder eine Gemeinde mit Autobahnanschluss: Siek (großes Foto), an der Abfahrt Ahrensburg der A 1 gelegen – als Attraktion ist am Ortsschild ausgewiesen: »Mit Golfplatz« (links oben im Foto). Die Gemeinde mit knapp 2000 Einwohnern im Kreis Stormarn ist Verwaltungssitz des gleichnamigen Amtes und führt die Sieker Friedenskirche im Wappen. Es ist das älteste Gebäude im Ort, stammt wohl aus dem 13. Jahrhundert und wurde Ende des 19. Jahrhunderts nach einem Brand neu aufgebaut. Der schöne Ort erhielt 2006 eine Umgehungsstraße, und seitdem haben sich etliche Betriebe im dortigen Gewerbegebiet »Jacobsrade« angesiedelt: ein Gartencenter, ein Bauunternehmen, ein Discounter, ein Schiffsausrüster und eine Firma für Theaterbedarf. Durch die Gemeinde fließt die Wandse, es gab früher einen Haltepunkt der Südstormarner Kreisbahn, und es gehören die

Ortsteile Fleischgaffel, Siekerfeld und Meilsdorf dazu. Die Lage am oberen Rande Hamburgs ist attraktiv, weil man sehr schnell am Großen- und am Lütjensee ist und auch große Waldgebiete in der Nähe sind. Auch nicht weit entfernt: das Dorf Braak (linkes Foto). Auch Braak (Amtsbezirk Siek) liegt in Autobahnnähe. Größter Arbeitgeber im Dorf ist die Großbäckerei Braaker Mühle. Ein Verein betreibt eine alte Windmühle, die seit 1983 unter Denkmalschutz steht. Die Mühle wurde Mitte des 19. Jahrhunderts gebaut und findet sich auch im Wappen der Großbäckerei. Knapp 800 Einwohner hat das Dorf. Es wurde 1256 erstmals urkundlich erwähnt, aber wahrscheinlich schon um 1245 gegründet. 1814 toste eine Schlacht in dem Dorf; die Dänen unterlagen den Russen. Heute geht es zum Glück friedlich zu.

Mölln – die Eulenspiegelstadt ist ein Schmuckstück zwischen Wäldern und Seen, rund 30 Kilometer südlich von Lübeck gelegen. Der Blick aus der Luft (großes Foto) zeigt von links: den Elbe-Lübeck-Kanal, darüber ist die Bundesstraße 207 zu erkennen, daneben der Ziegelsee, der Stadtsee, der Schulsee und der Hegesee. Im 1373 erbauten Rathaus befindet sich die stadtgeschichtliche Sammlung. Engagierte Bürger haben diese Sammlung schon 1889 angelegt. Der prominenteste Bürger bleibt jedoch Till Eulenspiegel, der um 1350 nach Mölln gekommen sein soll. Dem Schalk ist ein Gedenkstein an der Kirche gewidmet. Und ein Angestellter der Stadt kann als »lebender Till« (einschließlich deftiger Sprüche) in der Kurverwaltung gebucht werden. Weitere Attraktionen sind das Eulenspiegelmuseum, der Wasserturm und die St.-Nicolai-Kirche. Die anderen Zahlen:

Knapp 19 000 Einwohner, 3000 Pendler, 8500 Wohnungen, 566 Autos pro 1000 Einwohner. Von Hamburg erreicht man Mölln über die Autobahn 24 (Ausfahrt Talkau) und mit dem Zug über die Bahnstrecke Lüneburg–Lübeck. Einfacher über die Autobahn 24 zu erreichen ist Trittau (kleines Foto oben). Die 7600-Einwohner-Stadt liegt im Naherholungsgebiet Stormarner Schweiz und war schon zu Beginn des 20. Jahrhunderts zusammen mit der benachbarten Hahnheide ein beliebtes Ziel für die Ausflüge der Hamburger. Heute lockt der »Fun Parc« (eine Diskothek) die Besucher an. Die beiden großen Straßen im Foto sind die Rausdorfer Straße (rechts) und die Hamburger Straße. Trittau-Nord liegt näher an der Autobahn (kleines Foto unten) und hat mehr Gewerbe und Industriebetriebe.

IM SÜDEN JENSEITS DER STADTGRENZE

Hamburgs schöne Schwestern finden sich im Süden. Ihre meist roten Herzen – die Altstädte mit den Pfannendächern – schlagen heute kräftig im Takt des Tourismus. Ob Lüneberg (Foto), Stade, Buchholz, Winsen an der Luhe oder auch Buxtehude, alle schlagen Kapital aus der Vermarktung ihrer historischen Kerne. Führungen, Feste, Märkte, Konzerte: Keine Stadt ist mehr ohne »Event«. Das unterscheidet die »schönen Schwestern« von den nicht natürlich gewachsenen Großgemeinden, die dort entstehen, wo die Bequemlichkeit mit Autobahnnähe verbunden ist. Bleibt aber noch die eigentliche Attraktion: die norddeutsche Landschaft zwischen den Ortschaften mit der Marsch an der Elbe, dem dortigen Alten Land, der Geest und der einzigartigen Heide.

Welch ein angenehmer Anblick aus der Luft! Das Rund der Altstadt mit den roten Ziegeldächern und dem Kirchturm als höchstem Bau, das Ganze umgeben von einem grünen Gürtel und Einzelhaussiedlungen: So schön ist Lüneburg! Die Stadt ist so reich an Geschichte, dass der Besuch für jeden Norddeutschen eigentlich ein Muss ist. Hier nur ein ganz kleiner Blick in die Historie: Nach dem Zweiten Weltkrieg kam die Idee auf, die Altstadt abzureißen und »modern« aufzubauen. Wogegen sich die Lüneburger massiv zur Wehr setzen. Ihr Protest richtete sich erfolgreich gegen Politik und Verwaltung. Seit den 60er-Jahren des vergangenen Jahrhunderts wird die Altstadt systematisch restauriert. Einst war es das Salz aus dem Salzstock unter der Altstadt, das die Stadt reich machte. Heute ist die Stadt an der Ilmenau, von der wir hier nur einen

kleinen Teil sehen, eine Touristenattraktion. Vom Tourismus leben weite Teile der Wirtschaft. Die Stadt mit heute mehr als 70 000 Einwohnern wirbt mit ihrer Geschichte, die man an fast jeder Ecke spüren kann. 70 Quadratkilometer ist die Stadt groß und hat 24 Stadtteile. Nicht weit (fünf Kilometer) entfernt im Norden liegt Bardowick (Foto rechts), einer der ältesten Orte Niedersachsens mit etwas mehr als 6000 Einwohnern. Bardowick wurde 795 erstmals urkundlich erwähnt. Weil der Ort so verkehrsgünstig an der Ilmenau liegt, errang er schon früh seine Bedeutung. Über die Ilmenau kamen Schiffe bis ans Meer. Auch ein im Herbst und Winter befahrbarer Weg förderte die Entwicklung als Handelsstadt. Heute wird Bardowick immer mehr zu einem Vorort Lüneburgs.

Die Autos rauschen auf der Autobahn 1 vorbei. Man sieht die Mühle, erinnert sich an die dortige Diskothek oder die Spielbank. Doch jenseits der Autobahn fängt auch das Landleben an: Kirche, Schützenverein, Freiwillige Feuerwehr und die Landfrauen – in Hittfeld (Foto links) lebt diese Gemeinschaft. So gab es 2009 in der Hittfelder St.-Mauritius-Kirche ein erstes, großes Tauffest für fast zwei Dutzend Täuflinge, mit Posaunenchor, Kuchen und Festzelt. Hittfeld gehört als Ort in die Gemeinde Seevetal, liegt im niedersächsischen Landkreis Harburg, feierte im Jahr 2007 sein 900-jähriges Bestehen. Zusammengewachsen ist der Ort heute mit Emmelndorf (im Foto links oben). Fünfeinhalbtausend Einwohner hat Hittfeld. Die Spielbank firmiert heute unter »Aquamarin«. Wesentlich ruhiger geht es in Winsen/Luhe zu (Foto rechts). Im Blick ist unten der

Flusslauf der Luhe und oben der Altstadtring. In der Mitte an einem Teich das Winsener Schloss, das Wahrzeichen des Ortes. Das Schloss zeugt davon, dass Winsen seit Jahrhunderten Verwaltungsmittelpunkt, seit 1885 auch Kreisstadt und Sitz weiterer Behörden, Gerichte und öffentlicher Institutionen ist. Über die Grenzen bekannt sind die Winsener Schlosskonzerte mit ihren Kammermusikaufführungen. Die Landesplanung weist die Stadt als Mittelzentrum aus. Seit 1980 betreibt die Stadt Winsen eine Stadthalle, die zu einem Kommunikationszentrum wurde. Die Stadt im Landkreis Harburg ist 108 Quadratkilometer groß, liegt zwischen Marsch und Heide und hat 34 000 Einwohner. Von hier aus hat man in einer halben Stunde mit dem Auto die Lüneburger Heide erreicht.

Buchholz hat einen Namensvetter im flachen Dithmarschen, ist aber im Gegensatz zum nördlichen Verwandten umgeben von einer attraktiven Landschaft mit naturnahen Räumen, mit geschützten Wäldern, Weiden, naturbelassenen Flüssen, an denen bedrohte Tiere wie der Eisvogel oder der Otter wieder leben. Der Blick auf das Luftfoto (rechts) zeigt die sternförmige Anlage der Verkehrswege: Von unten kommt die Soltauer Straße, sie führt über die Gleise der Bahnlinie, die sich nach Westen teilt. In der Mitte führt ein Straßenring um den Ortskern mit Rathaus, Kirche, Bücherei, Jugendzentrum und Post. 2008 feierte die Stadt ihren 50. Geburtstag, denn die Stadtrechte erhielt die Ortschaft erst 1958. Einst ein armes Heidedorf, das – so stellen die stolzen Einwohner fest – nach jahrhundertelangem Schlaf wachgeküsst wurde (durch den Eisenbahn-

knotenpunkt). Sie hat heute fast 40 000 Einwohner, ist die größte Stadt des Landkreises Harburg und wirbt mit dem schlichten Satz: »Leben in Buchholz ist schön«. Zur Stadt gehören die Ortschaften Dibbersen, Holm-Seppensen, Sprötze, Steinbeck und Trelde. Auch Jesteburg (Foto links) verfügt über einen Kreuzpunkt verschiedener Verkehrswege. Die Seeve, die in der Nordheide entspringt, führt auch durch Jesteburg – im Foto schlängelt sie sich unten durch die Wiesen. Wir sehen: Die Ortschaft hat sich entlang der Seeve und der dazu fast parallel verlaufenden Straße entwickelt. Mit etwas mehr als 7000 Einwohnern und vielen Waldgebieten, die in die Siedlungen reinragen, geht es in Jesteburg eher gemütlich zu. Zur Samtgemeinde Jesteburg gehören auch Bendestorf und Harmstorf.

Drei Dinge braucht die Randgemeine für den Anschluss an die Metropolregion: Autobahn, Eisenbahngleise und Bundesstraße. Horneburg (Foto rechts) hat sie, die (noch nicht bis nach Hamburg gebaute) A 26, die Regional- und S-Bahn und die B 73, die im Foto fast parallel liegen. Dazu Sportplatz, Tennisplatz, Freibad und Gewerbegebiet auf der einen Seite und nördlich der Bundesstraße die Einzel- und Mehrfamilienhaussiedlungen. Die Anfang der 70er-Jahre des vergangenen Jahrhunderts gegründete Samtgemeinde Horneburg besteht aus den Mitgliedsgemeinden Agathenburg, Bliedersdorf, Dollern, dem Flecken Horneburg und der Gemeinde Nottensdorf. Die Zahl der Einwohner stieg von gut 7000 auf mehr als 11 000. Horneburg liegt zwischen Buxtehude und Stade in den Elbmarschen und gehört zum Landkreis Stade. 2005 feierte die Gemeinde ihr 750-jähriges Bestehen. Buxtehude

wirkt aus der Luft erst mal sportlich: das große Jahnstadion liegt an der B 73. Charmant ist der Titel »Märchenstadt«, den Buxtehude seit Langem innehat; und seit 2007 liegt der Ort an der Deutschen Märchenstraße. Seit 1840, als die »lögenhafte« Geschichte vom Has' und Igel veröffentlicht wurde, hat Buxtehude diesen fabelhaften Ruf. Dazu kommen »Der Hund, der mit dem Schwanz bellt« und weitere Erwähnungen in Büchern. Buxtehude hat eine 1000-jährige Geschichte und liegt an der Este. Hier wohnen 39 000 Einwohner. Die St.-Petri-Kirche ist das bedeutendste Denkmal und Wahrzeichen der Stadt. Buxtehude wurde einst um ein zentrales Hafengebiet herumgebaut; dazu hatte man die Este gestaut – seinerzeit der modernste Hafen Deutschlands. In der Altstadt mit den alten Bürgerhäusern, dem Marschtorzwinger und der Fleetanlage ist diese Anlage noch erkennbar.

Stade einmal aus ungewöhnlicher Sicht »von hinten«, also von Südwesten her betrachtet. Ein mächtig großer Ort, der (touristisch) die ganze Gegend beherrscht. Wir sehen unten den Ortsteil Klein Thun und einen Zipfel der mäandernden Schwinge. Diagonal in leichtem Schwung zieht sich die von Bäumen gesäumte Bundesstraße 73 durch den Ort. Gut zu erkennen ist die Altstadt links oben im Foto; von hier fließt die Schwinge in die Elbe, die hinten (auch mit dem Atomkraftwerk) zu erkennen ist. Sehenswert ist die gesamte Altstadt mit dem ehemaligen Hansehafen und den Fachwerkhäusern. Hier steht auch der Schwedenspeicher (ein Museum) und der Holz-Tretkran, der allerdings im vergangenen Jahrhundert als Nachbau errichtet wurde. Auch die moderne Bronzeplastik einer Fischfrau, die am Hafen einen Hecht präsentiert, ist bei den Touristen beliebt. Geschickt und mit unbändigem Stolz

setzen die Stader auf den Tourismus. Die »tausendjährige« Stadt hat sich sogar erfolgreich wieder um den Titel Hansestadt bemüht, den sie nun als zweite Stadt in Niedersachsen neben Lüneburg seit Mai 2009 trägt. Und sie verkündet, schon vor der Verleihung der Stadtrechte und lange vor Hamburg einer der bedeutendsten Handelsplätze im Norden gewesen zu sein. Im Schatten von Stade und seiner touristischen Macht stehen zwei schöne Ausflugsziele ganz in der Nähe: die Elbinsel Krautsand, ein (Wanderer- und Radfahrer-)Paradies ländlicher Ruhe, das zu Drochtersen gehört. Auch die ehemalige Festung »Grauerort«, direkt am Elbufer und einen Katzensprung von Stade entfernt, lohnt den Besuch. Das Fort ist ein Typbau preußischer Festungsarchitektur der zweiten Hälfte des 19. Jahrhunderts und wird jetzt liebevoll in seinen Ursprungszustand versetzt.

Kaffee, Kuchen, und ganz viel Zeit im Gepäck – das gehört zu einem Besuch von Neuwerk oder der Ortschaften Jork und Estebrücke dazu. Die Insel Neuwerk (großes Foto) in der Elbmündung gehört zu Hamburg und wird vom Bezirk Mitte verwaltet. Ein Inselwart fungiert als Verbindungsmann zwischen der Inselbevölkerung und dem Bezirk. Die Insel liegt gut dreizehn Kilometer nordwestlich von Cuxhaven im Nationalpark Hamburgisches Wattenmeer. Die Wanderung bei Ebbe dauert von Cuxhaven-Sahlenburg aus etwa zweieinhalb Stunden; schneller geht es mit den Pferdewagen; bei Hochwasser fährt ein Schiff von Cuxhaven. Zum Besuch gehört der Aufstieg auf den im 14. Jahrhundert gebauten Leuchtturm, das älteste Bauwerk Hamburgs. 40 Einwohner hat Neuwerk. Und die haben im Sommer gut 120 000 Touristen. Touristen besuchen

auch gern Jork im Alten Land (kleines Foto oben). Besonders zur Obstblüte im Frühjahr kommen viele Menschen in den kleinen Ort. Später im Jahr freuen sich die Touristen an den vielfältigen Kirsch-, Pflaumen-, Birnen- und Apfelsorten. Die alten Fachwerkhäuser, Kirchen, die Borsteler Mühle und das Museum Altes Land sind lohnende Ziele. Seit 2005 steht im Museum eine sogenannte Durchfahrtscheune von 1590. Wer mag, kann sich von Gästeführern in historischer Tracht die Sehenswürdigkeiten zeigen und erklären lassen. Man ist gut beraten, nicht nur »auf ein Stück Kuchen« in Jork vorbeizuschauen. Das gilt natürlich auch für den Ortsteil Estebrügge (kleines Foto unten) mit der berühmten Drehbrücke. Der kleine Ort lockt auch mit Märkten, wie dem Weihnachtsmarkt an der Estebrügger Kirche, den der Heimatverein veranstaltet.

ÜBERSICHTS-KARTE DER METROPOLREGION HAMBURG

Nicht nur Hamburg wächst innerhalb seiner Stadtgrenzen (grüne Linie). Auch der berühmte »Speckgürtel« von Pinneberg bis nach Geesthacht wird größer. Diese Metropolregion hat Luftbildner Matthias Friedel abgeflogen. Er war aber auch über den schönen Städten des weiteren Umlandes wie Glückstadt, Lüneburg oder Stade.

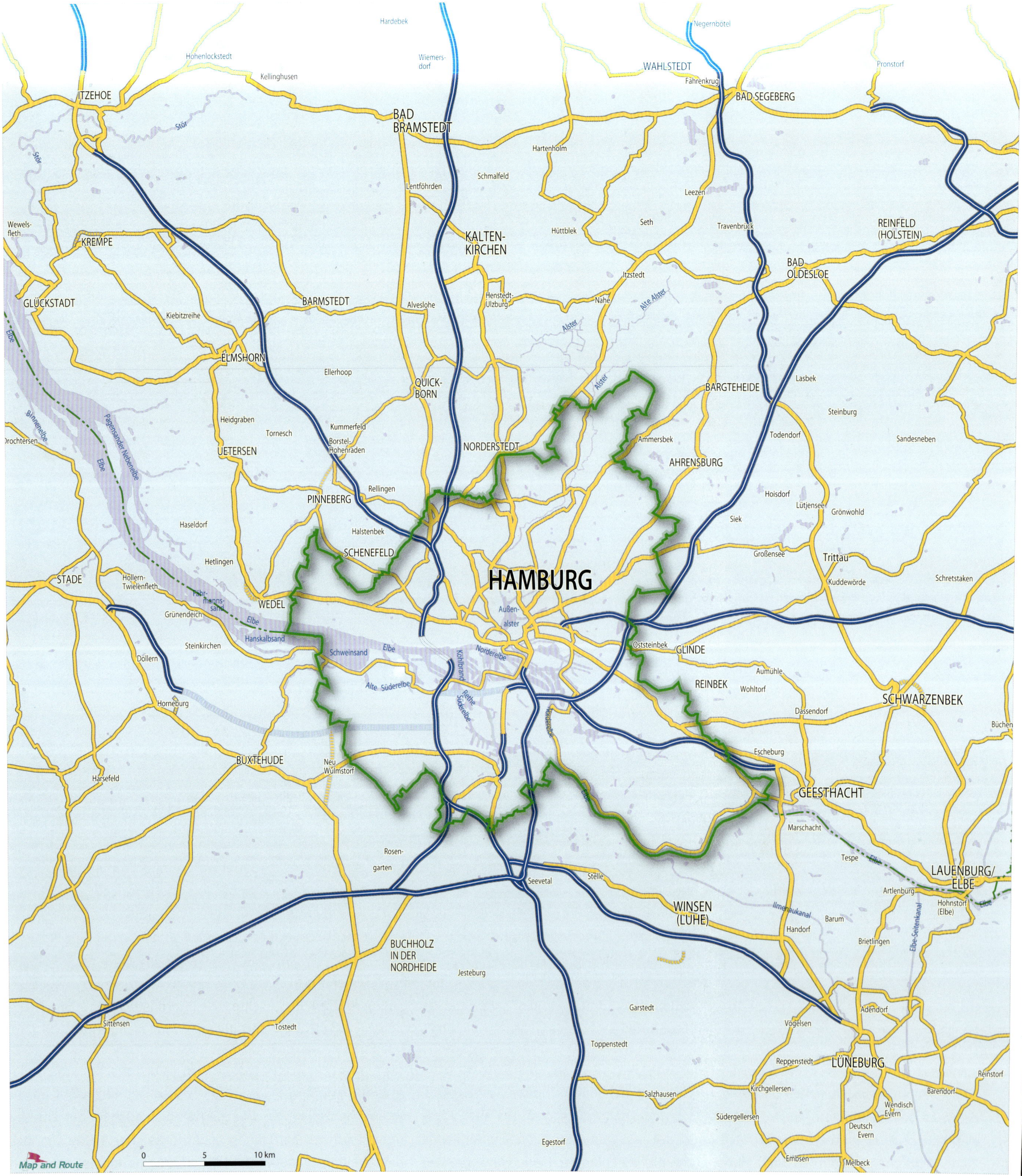

Grafik: Map and Route GmbH & Co. KG, Nürnberg

SO FOTOGRAFIERT MAN AUS DER LUFT

Wer selbst schon mal versucht hat, aus einem Verkehrsflugzeug zu fotografieren, weiß, wie schwierig es ist, gestochen scharfe Bilder zu bekommen. Das liegt unter anderem an den Fensterscheiben, die sich zwischen Objektiv und Motiv befinden.

Matthias Friedel ist natürlich nicht in einem Airbus über Hamburg unterwegs, sondern in einer kleinen Maschine, meist einer Cessna 172 mit einer hinteren Sitzbank, die er am Flugplatz Uetersen in Heist (Foto oben) chartert. Sein Gepäck: Mittlerweile nur noch ein kleiner Rucksack mit einer hochauflösenden (24 Megapixel) Digitalkamera und zwei nanoversiegelten Zoom-Objektiven, die den Bereich von 24 mm bis 200 mm abdecken. Luftaufnahmen werden vorzugsweise mittags bei strahlendem Sonnenschein möglichst ohne Dunstschleier gemacht. Dann verwendet man eine Einstellung mit 100 ASA und eine hohe Verschlusszeit von 1/2000, um die Turbulenzen der Luft auszugleichen.

Matthias Friedel macht es sich auf dem Rücksitz bequem und legt die ICAO-Flugkarte und den Hamburger Stadtplan bereit, um seine »Ziele« von oben identifizieren zu können. Dabei hilft es ihm, dass er alle Stadtteile von Hamburg seit seiner Jugend immer wieder gern erkundet hat.

Nach dem Start in Uetersen geht es über die Elbe bei Wedel Richtung Hamburg. Dann muss der Pilot den Einflug in die Kontrollzone des Verkehrsflughafens Hamburg anmelden: »D-EDDH, Cessna 172, Uetersen-Uetersen. 5 Minuten westlich Whisky 1, 2000 Fuß. Erbitte Einflug in die Kontrollzone entlang der Elbe zur Innenstadt, D-EDDH.« Ab hier muss jede Bewegung, Richtungs- oder Höhenänderung an die Fluglotsen von Hamburg Radar gemeldet werden. Eine Freigabe für Luftbilder ist übrigens nicht mehr nötig; dieses Relikt des Kalten Krieges wurde 1990 nach der Wende abgeschafft.

Die offizielle Flughöhe beträgt 2000 Fuß (ca. 600 Meter). Hängen die Wolken tief, geht es auch mal runter bis auf 1000 Fuß. Nähert sich die Maschine dem geplanten Motiv, bremst der Pilot ab auf 80 Knoten (ca. 140 km/h), fährt auch schon mal die Klappen aus. Matthias Friedel klappt das Fenster nach oben, der Pilot geht in eine leichte Schräglage, damit Fahrwerk und Tragflächen nicht das Bild stören. Nur für ein, zwei Sekunden hat Matthias Friedel das Motiv genau im Visier; klappt irgendetwas nicht, wird ein zeitraubender zweiter Anflug fällig. Je nach Auftragslage und Projekt werden pro Flug bis zu 1000 Bilder aufgenommen.

Die Anwohner einer überflogenen Gegend müssen das Gebrumme der Cessna nicht allzu lang ertragen; außerdem legt Matthias Friedel Wert darauf, lärmreduzierte Maschinen zu benutzen.

Der zweite, genauso wichtige Teil der Arbeit muss dann am Boden erledigt werden: Tausende von Bildern mit zum Teil nur kleinen Ausschnitten einzelner Straßen hat Matthias Friedel nach einem von ihm konzipierten System so präzise katalogisiert, dass er in nur 20 Sekunden Auskunft darüber geben kann, ob er das gewünschte Haus, Grundstück, einer Straße oder ein Unternehmen schon vorrätig hat. Wenn nicht, wird extra geflogen.

Das Luftbildarchiv umfasst mittlerweile schon mehr als 200 000 katalogisierte Aufnahmen, die man auch im Internet unter

www.luftbilder.de

einsehen und bestellen kann.

REGISTER

MATTHIAS FRIEDEL, Jahrgang 1966, lernte Werbekaufmann und entdeckte dabei eher zufällig, wie sehr der Blick von oben die Menschen fasziniert. Er wechselte 1995 die Profession und sitzt seither fast jede Woche fotografierend im Flugzeug. Die Ausbeute seiner Arbeit: 250000 präzise sortierte Stadtteil-Bilder. Allein für das Buch »Unter dem Himmel von Hamburg« hat er 5000 neue Motive gemacht.

MATTHIAS REBASCHUS, 1954 in Hamburg geboren, wuchs in Bramfeld auf. Nach Abitur und Grundwehrdienst volontierte er bei der »Bergedorfer Zeitung«, arbeite danach in Berlin bei der »BZ«, kam dann zum Hamburger Abendblatt, wo er seit mehr als 25 Jahren der Lokalredaktion als Reporter angehört. Matthias Rebaschus fotografiert nebenbei im Großformat und hat viele Foto/Text-Reportagen in Fachpublikationen und Magazinen veröffentlicht.

IMPRESSUM

HERAUSGEBER: Hamburger Abendblatt

PROJEKTVERANTWORTUNG: Jan H. Groß (Leitung), Olaf Schulz

TEXTE: Matthias Rebaschus
BILDER: Matthias Friedel/www.luftbild.de
LEKTORAT: Andrea Wolf

VERLAGSGESCHÄFTSFÜHRUNG: Jan Bayer, Frank Mahlberg
GESTALTUNG: Peter Albers, Hamburg
TITELBILD: Matthias Friedel
GESAMTHERSTELLUNG: Print- und Medienproduktion HH,
Printed in Germany

www.abendblatt.de

ISBN 978-3-939716-28-0